W0089330

GÜNTER NEIDINGER

Auf der Gass

GÜNTER NEIDINGER

Auf der Gass

Eine Kindheit in Baden

*Mit Spielen, Reimen, Bräuchen
und vielen alten Fotos*

Silberburg-Verlag

Günter Neidinger, Jahrgang 1943, wuchs mit fünf Geschwistern im badischen Bühl auf, studierte dann an der Pädagogischen Hochschule in Karlsruhe und wirkte lange Jahre als Lehrer und Rektor. Seit 30 Jahren ist er als erfolgreicher Autor tätig. Über 400 Bücher mit einer Gesamtauflage von über vier Millionen Exemplaren hat er in dieser Zeit veröffentlicht.

1. Auflage 2017

© 2017 by Silberburg-Verlag GmbH,
Schönbuchstraße 48, D-72074 Tübingen.
Alle Rechte vorbehalten.

Umschlaggestaltung: Anette Wenzel, Tübingen,
unter Verwendung einer Fotografie
aus dem Stadtgeschichtlichen Institut Bühl.

Bildnachweis:
Stadtgeschichtliches Institut Bühl: S. 9, S. 30/31, S. 47, S. 60/61, S. 66/67,
S. 76, S. 86/87, S. 101, S. 107, S. 110, S. 120, S. 125, S. 140.
Privat: S. 16/17, S. 23, S. 27, S. 40/41, S. 52/53, S. 83, S. 91, S. 96/97,
S. 102/103, S. 130/131.

Druck: CPI books, Leck.
Printed in Germany.

ISBN 978-3-8425-2060-8

Besuchen Sie uns im Internet und
entdecken Sie die Vielfalt unseres Verlagsprogramms:
www.silberburg.de

Ihre Meinung ist wichtig ...

... für unsere Verlagsarbeit. Wir freuen
uns auf Kritik und Anregungen unter:

www.silberburg.de/Meinung

Meinem Bruder Robert gewidmet.

Inhalt

Spiele auf der Gass

Nichts wie raus!

In den Nachkriegsjahren mangelte es vor allem in den Städten an Wohnraum. So war es für eine kinderreiche Familie besonders schwer, eine geeignete Wohnung zu finden. Ich wuchs mit fünf weiteren Geschwistern im badischen Städtchen Bühl auf. Unsere erste Wohnung im Sonnengässle war alles andere als eine Luxusunterkunft. Sie bestand aus zwei Zimmern, einer Küche und einem Abstellraum. Das Plumpsklo war in einem Bretterhäuschen im Hof.

Als es wirtschaftlich bergauf ging, besserten sich auch die Zustände auf dem Wohnungsmarkt. Wir durften in ein Sechsfamilienhaus in der Benderstraße umziehen. Es kam uns Kindern mitten im Sommer 1956 wie Weihnachten vor. Die neue Wohnung hatte vier Zimmer, eine Küche, eine Speisekammer und ein Bad. Die Zinkbadewanne, die bisher samstags die Küche beherrschte, hatte ausgedient. Sie zierte jetzt als Blumenkübel unseren Garten. Und nachts mussten wir nicht mehr in den Nachttopf pinkeln oder »rapple«, wie es im Badischen heißt. Es gab ein WC mit Spülung. Was für eine Freude, wenn wir an der Kette ziehen durften und das Wasser aus dem Spülkasten rauschte!

Doch egal! Ob es nur zwei oder dann vier Zimmer waren, manchmal wurde es bei der großen Kinderzahl doch etwas eng. Besonders wenn noch Besuch da war. Und da wir ein gastfreundliches Haus hatten, kam das öfters vor. Also hieß es bei uns Kindern, wenn es draußen nicht gerade Katzen hagelte: Nichts wie raus auf die Gass!

Damals war der schönste Spielplatz auf der Straße, »uf d Gass«, wie man im Badischen sagte. Ein Auto verirrte sich selten in unsere Wohngegend, so dass der Platz fast immer uns Kindern gehörte. An Kindern mangelte es nicht. Allein in unserem Wohnhaus in der Benderstraße wohnten einundzwanzig. Und dann kamen noch einige aus der Nachbarschaft hinzu. Da war immer etwas los! Langeweile kam keine auf. Eine Spielidee fiel uns immer ein!

Was spielen wir heute?

»Der Kaiser schickt seine Soldaten aus«, rief Hans. »Nur weil du so groß und stark bist!«, maulte mein Bruder Robert.

Hans kam aus der Wohnung nebenan und war tatsächlich größer und stärker als alle anderen. Und das war bei diesem Spiel von Vorteil.

Dabei standen wir Kinder in zwei Linien im Abstand von etwa zwanzig Metern gegenüber und hielten uns an den Händen fest. Jede Gruppe bestimmte ihren Kaiser. Dieser schickte dann einen Soldaten los, der die gegnerische Linie in vollem Lauf zu durchbrechen versuchte.

Wenn er es schaffte, durfte er einen aussuchen und ihn mit in seine Mannschaft nehmen. Gelang es nicht, musste er bei der gegnerischen Mannschaft bleiben.

»Dann machen wir halt ein anderes Spiel«, lenkte Hans ein, »damit der kleine Robert auch mal gewinnt!«

Das wurmte meinen Bruder aber fast noch mehr. Er war jetzt im letzten Kindergartenjahr und fühlte sich deshalb zu den Großen gehörend. Doch ehe er wieder zu maulen anfing, schlug ich schnell ein neues Spiel vor.

»Kaiser, wie viel Schritte darf ich geh'n?«, rief ich laut.

»Das ist was für Mädchen!«, murrte Walter.

Er wohnte über uns und musste daheim oft tun, was seine Schwester Brigitte wollte. Sonst war schnell ein Streit im Gange. Wenn andere Kinder dabei waren, hatte er größere Chancen sich durchzusetzen.

Bei diesem Spiel waren Kraft und Schnelligkeit nicht gefragt. Aus der Gruppe wurde ein Kaiser gewählt, auf dessen

Wohlwollen die Mitspieler angewiesen waren. Und da hatten die »Kleineren« immer einen Vorteil. Damit sie nicht losplärrten, ließ man sie meistens gewinnen. Auch die Mädchen wurden oft bevorzugt. Kein Wunder also, dass Walter murrte. Er gehörte weder zu den Kleinen noch zu den Mädchen.

Wir spielten es trotzdem. Damit Walter zufrieden war, durfte er Kaiser sein. Wir anderen Kinder stellten uns ihm gegenüber im Abstand von etwa zehn Metern in einer Linie auf. Nacheinander fragten wir dann: »Kaiser, wie viel Schritte darf ich geh'n?«

Der Kaiser antwortete nach Gutdünken dann zum Beispiel: »Zwei Riesenschritte und einen Flohhopser vorwärts« oder »drei Gänsedäppele und einen Hüpfer auf einem Bein rückwärts«. Je nachdem musste man dann unbedingt fragen »Darf ich?« oder »Muss ich?« Vergaß man zu fragen, musste man auf die Ausgangslinie zurück.

Walter ließ Robert gewinnen. Er war zuerst beim Kaiser angekommen. Nun durfte er der neue Kaiser sein. Natürlich strahlte er übers ganze Gesicht.

»Besser als das Geplärre, wenn er verloren hätte!«, raunte Gabi mir zu. Gabi war ein Mädchen aus dem Nachbarhaus. Ihre Familie stammte aus Sachsen und war im letzten Sommer zugezogen.

Wir hätten wahrscheinlich noch ewig weitergespielt. Schließlich wollte ja jeder einmal Kaiser sein! Aber es dämmerte bereits. Und wenn Mutter rief, mussten wir uns sputen!

»Morgen ist auch noch ein Tag!«, trösteten wir uns dann, was ja auch irgendwie stimmte.

13

Nur selten kam es vor, dass nur wenige Kinder auf der Gass waren. Dann kramten wir einfach ein paar Kreidestummel aus der Hosentasche und malten ein Hüpfspiel auf die Straße. Die Stummel hatten wir beim Tafelputzen in der Schule eingesteckt. Unser Lehrer hatte nichts dagegen, schließlich war er ja auch mal jung gewesen.

Auf dem kreuzförmigen Spielfeld schrieben wir in die sieben rechteckigen Felder die Zahlen 1 bis 7, manches Mal auch die Wochentage. Jetzt noch einen flachen Stein suchen, dann konnte es mit dem Hüpfen auf einem Bein losgehen!

Aber aufgepasst! Erst musste der Stein im richtigen Feld landen. Und nur im Sonntagsfeld oder auf der Sieben durfte man mit beiden Beinen stehen und sich etwas ausruhen, bis es mit dem Gehüpfe weiterging. Wenn einer einen Fehler machte, kam das nächste Kind dran. Und alle passten auf, dass ja keiner schummelte!

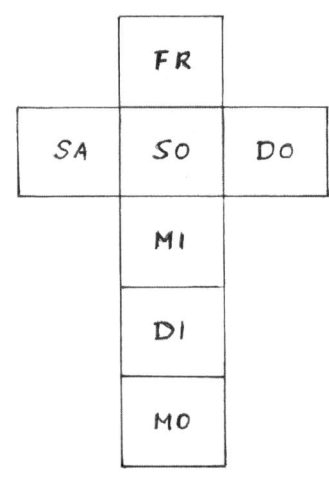

Wie das Spiel hieß? Wir nannten es einfach Hops-Spiel. Manche sagten auch Kästchenspiel oder Kästchenhüpfen dazu. Es waren ja auch Kästchen, die da aufgemalt wurden. Solche Hüpfspiele gab es schon in der Römerzeit. Aber das wussten wir Kinder damals noch nicht.

Das Spielfeld für unser Hops-Spiel oder Hinkepott, wie Wiebke es nannte.

14

Wiebke vom Haus gegenüber war mit ihrer Familie von irgendwo aus dem Norden zugezogen. Sie fragte dann immer: »Spielen wir Hinkepott?« Der Name war für uns Badener neu. Aber lustig war er schon, das mussten wir neidlos anerkennen!

Beliebt war auch ein Murmelspiel, bei dem wir mit Kreide einen Kreis von vier bis fünf Meter Durchmesser aufmalten und in die Mitte einen großen Stein legten. Dann stellten wir uns rund um den Kreis auf. Unsere Murmeln waren damals meistens kleine, farbige Kugeln aus Ton. Wir sagten Klicker dazu. Nur wenige Kinder hatten schon Glaskugeln, die einiges teurer waren.

Jetzt konnte das Spiel beginnen! Jeder rollte seine Murmel in Richtung Glücksstein. Wer mit seiner Murmel dem Stein am nächsten kam, durfte alle Murmeln im Feld behalten.

Im ungeteerten Hof hinter unserem Haus brauchten wir nicht einmal Kreide dazu. Da genügte ein Stecken, um einen Kreis in den Boden zu ritzen. Und wenn wir keine Murmeln hatten, suchten wir einfach ein paar runde Kieselsteine. Das Spiel klappte auch so. Man musste sich nur zu helfen wissen!

Übrigens: Damals hatten wir noch keine Ahnung davon, dass auch die alten Ägypter bereits das Murmelspiel kannten. Die Kugeln waren damals sogar aus Marmor.

Noch einfacher war das Schattenfangen. Zu diesem lustigen Spiel brauchte nur die Sonne zu scheinen. Wer fangen durfte, musste mit dem Fuß den Schatten seiner Mitspieler oder Mitspielerinnen treffen, »uff der Schatte dappe«, wie das urbadisch bei uns hieß. Das Kind, auf dessen Schattenbild »gedappt« wurde, musste stehen bleiben. Wer als Letzter noch nicht gefangen war, durfte in der nächsten Spielrunde der Fänger sein.

Und wenn die Sonne nicht schien, was ja auch mal vorkam, spielten wir einfach Katz und Maus. Dazu stellten wir uns im Kreis auf und fassten uns an den Händen. Im Kreis drinnen war die Maus, draußen lauerte die Katze. Sie musste die Maus fangen. Durch Heben oder Senken der Arme konnten die Mitspielenden nun der Maus helfen, der Katze zu entkommen. Natürlich halfen einige auch der Katze, die Maus zu erwischen. Man ließ ja seinen besten Freund oder seine beste Freundin nicht im Stich, oder?

Seilspringen war auch immer möglich. Ein Seil hatte damals jeder zu Hause. Wenn es zu kurz war, band man einfach mehrere zusammen. Und schon ging's los! Zwei Kinder packten das Seil an den Enden und drehten es im Kreis. Die anderen sprangen im passenden Augenblick hinein, hüpften ein paar Mal und sprangen auf der anderen Seite wieder hinaus. Wer hängen blieb, schied aus. Bei diesem Spiel gab es mehrere Varianten. Da fiel uns immer wieder etwas Neues ein. Langeweile kam nie auf.

Gummihopsen war besonders bei den Mädchen beliebt. Der Name Gummitwist kam erst etwas später auf, als der Twist Modetanz wurde. Man brauchte dazu lediglich ein drei bis vier Meter langes Gummiband aus Mamas Nähkasten. Das war einfacher Durchziehgummi, den Mama normalerweise mit Hilfe einer Sicherheitsnadel in den Hosenbund einzog,

16

wenn die Unterhose rutschte. Und wenn wir Mama höflich darum baten, schnitt sie uns ein Stück von diesem Band ab.

Zwei Mädchen spannten das Band zunächst ganz tief, um die Fußgelenke. Dann konnte das Hopsen beginnen. Dabei war immer ein bestimmter Rhythmus einzuhalten. Am beliebtesten war bei uns der Reim:

Peter Alexander,
Beine auseinander,
Beine wieder zu
und draus bist du.

Dann kam das nächste Kind dran. Später wurde das Gummiband auf Höhe der Knie gezogen, dann um die Hüfte gelegt. Je höher das Gummiband gespannt wurde, desto schwieriger wurde die Übung.

Warum ausgerechnet der Wiener Sänger Peter Alexander bei diesem Vers mit seinem Namen herhalten musste, ist mir bis heute schleierhaft. Vielleicht passte der Name rhythmisch besonders gut. Und bekannt war der Künstler ja auch, wenigstens bei den Erwachsenen.

Ochs am Berg

Manchmal spielten wir auch »Ochs am Berg«. Dabei stellte sich ein Kind mit dem Gesicht zur Hauswand auf. Die übrigen Kinder standen etwa zehn Meter hinter ihm in einer Linie nebeneinander. Das Kind an der Wand rief: »Ochs am Berg, eins, zwei, drei!« Währenddessen durften sich die Mitspielenden auf die Wand zubewegen.

Nach »drei« musste man stehen bleiben. Der Rufende drehte sich blitzschnell um. Wehe, wer sich da noch bewegte! Er musste auf die Grundlinie zurück. Wer zuerst die Hauswand erreichte, durfte jetzt das Kommando übernehmen.

Bei den meisten Spielen wurde vorher abgezählt, wer die Hauptrolle übernehmen durfte. Dafür hatten wir eine Menge größerer oder kleinerer Abzählverse auf Lager. Wenn es schnell gehen musste, zählten wir nur:

*Ene, mene, meck
und du bist weg!*

oder:

*Ene, mene, mu
und raus bist du!*

Wenn es nicht das Kind traf, das raus sollte, griff der Abzählende zu einem Trick. Er zählte dann einfach weiter:

*Raus bist du noch lange nicht,
sag mir erst, wie alt du bist!*

20

Und dann wurde je nach Alter gezählt. Zum Glück waren wir erst acht, zehn oder vielleicht auch zwölf Jahre alt. Im Seniorenheim wäre das schon eine längere Prozedur geworden. Man stelle sich mal vor, man müsste da vielleicht bis 75 oder 85 zählen!

Beliebt waren auch die Vierzeiler beim Abzählen:

> *Ene, mene, miste,*
> *es rappelt in der Kiste.*
> *Ene mene, meck*
> *und du bist weg!*

oder:

> *Ich und du,*
> *Müllers Kuh,*
> *Müllers Esel,*
> *der bist du.*

Manchmal hieß es auch statt »Müllers Kuh« »Bäckers Kuh«. Und wenn die Ilse unter den Mädchen war, konnte man sie leicht mit diesem Vers ärgern:

> *Ilse Bilse,*
> *keiner will se,*
> *kam der Koch*
> *und nahm sie doch.*

Auch einige Sechszeiler waren bei uns Favoriten. Die gingen
so:

Ene, mene, Tintenfass,
geh zur Schul und lerne was!
Wenn du was gelernet hast,
komm nach Haus und sag mir was.
Eins, zwei, drei
und du bist frei.

oder:

Eine kleine Piepmaus
lief ums Rathaus,
wollte sich was kaufen,
hatte sich verlaufen.
Ene, mene, Maus
und du bist raus.

oder:

Eine kleine Dickmadam
fuhr mal mit der Eisenbahn.
Eisenbahn, die krachte,
Dickmadam, die lachte.
Eins, zwei, drei
und du bist frei!

Es gab aber auch Spiele, bei denen wir auf sämtliche Abzähl-verse verzichten konnten. Eines davon war Hahnenkampf. Natürlich war das kein Wettkampf mit echten Hähnen, wie er in einigen Ländern heute noch stattfindet. Bei uns war das ein Kräftemessen zwischen den Buben.

Zunächst wurde ein Feld abgesteckt oder aufgezeichnet in Form eines Kreises oder Rechtecks.

Darin stellten sich dann die beiden »Hähne« mit ver-schränkten Armen auf. Es galt, auf einem Bein hüpfend den Kontrahenten aus dem Feld zu stoßen oder aus dem Gleich-gewicht zu bringen.

Wer verlor, schied aus. Es wurde so lange gekämpft, bis der Sieger feststand. Er war jetzt der ungekrönte Champion, we-nigstens bis zum nächsten Kräftemessen.

Machet auf das Tor! So hieß ein weiteres Spiel, bei dem nicht abgezählt werden musste. Zwei größere Kinder standen sich dabei gegenüber, fassten sich an den Händen und bildeten mit erhobenen Armen ein Tor. Die übrigen Kinder liefen da-runter durch. Dabei wurde gesungen:

Machet auf das Tor, machet auf das Tor,
es kommt ein gold'ner Wagen.
Was will er, will er denn, was will er, will er denn,
er will die Schönste haben.
Die Erste will er nicht, die Zweite will er nicht,
die Dritte will er haben.

Die Arme wurden gesenkt und das Kind, das gerade unterm Tor lief, war gefangen. Jetzt wurde es gefragt: »Apfel oder

Birne?« Je nach Antwort stellte es sich hinter einem der beiden »Torkinder« auf. Dann ging das Spiel von vorne los, bis alle Kinder dran waren.

Spannend dabei war, dass außer den beiden »Torkindern« keiner wusste, wer dieses Mal die Engel oder die Teufel waren. Waren es die, die sich für die Äpfel entschieden hatten? Oder waren es die, die Birnen gewählt hatten? Die Engel hatten nämlich anschließend das Vergnügen, auf den Armen der »Torkinder« hin- und hergeschaukelt zu werden. Dabei wurde gesungen:

Die Englein werden getragen
auf einem goldenen Wagen ...

Danach waren die Teufel an der Reihe. Sie wurden einzeln zwischen den Armen der »Torkinder« hin- und hergeschüttelt, wobei es übermütig erklang:

Wir rumpeln und pumpeln,
wir rumpeln und pumpeln
den Teufel zum Tor hinaus!

Beim »Tor hinaus« wurde der Teufel mit einem Schubs aus der Umklammerung entlassen und landete manchmal recht unsanft auf dem Boden.

Wer nun glaubt, dass jeder froh war, wenn er zu den Engeln gehörte, der täuscht sich gewaltig. Wer nicht ganz zimperlich und zart besaitet war, freute sich diebisch, als Teufel tüchtig durchgeschüttelt zu werden. War ja auch ein Riesenspaß!

24

Heile, heile Segen

Fangen oder Verstecken waren Spiele, von denen wir nie genug bekamen. Da waren wir immer voll bei der Sache! Wer fing die Mitspielenden am schnellsten? Wer war zuerst beim Anschlag? Mancher rannte dabei so ungestüm durch die Gegend, dass kleinere Unfälle nicht ausblieben.

Aufgeschlagene Knie, Schürfwunden am Arm, Platzwunden am Kopf, alles kam vor. Dann kullerten die Tränen. Mama kannte sich damit bestens aus. Pflaster, Binden und Salben mussten immer im Haus sein!

Wenn die blutende Stelle dann nicht mehr zu sehen war, ging es dem Verletzten schon etwas besser. Und damit die letzten Tränen auch noch versiegten, nahm Mama uns in die Arme und hatte einen tröstenden Spruch parat:

Heile, heile Segen,
drei Tage Regen,
drei Tage Schnee,
dann tut es nicht mehr weh.

oder:

Heile, heile Gänschen,
es ist bald wieder gut.
Das Kätzchen hat ein Schwänzchen,
es ist bald wieder gut.
Heile, heile Mausespeck,
in hundert Jahr ist alles weg.

26

Wir kannten diese Verse auch von der Mainzer Fasenacht. Da durften wir nämlich bei Schröders, ein Stockwerk über uns, Fernsehen schauen. »Mainz, wie es singt und lacht« hieß die Live-Sendung. Ernst Neger sang darin diesen alten Refrain zu einem Liedtext über die im Krieg zerstörte Stadt Mainz.

Neulich las ich in einem schlauen Blatt einen Artikel. In diesem lästerte der Verfasser über das medizinisch untaugliche Mittel, mit solchen Sprüchen die Kinder gesundbeten zu wollen. Ich fragte mich gleich, ob der Mann jemals versucht hat, die Tränen eines Kindes zum Versiegen zu bringen, das mit einem blutenden Knie ins Haus gelaufen kommt?

Unsere Mutter kannte sich da aus. Ihr war auch klar, dass mit solchen Sprüchen allein keine Wunde geheilt werden konnte. Deshalb wurden wir auch immer zuerst verarztet. Aber bei solchen Blessuren musste bei einem Kind auch das Seelenheil wieder in Ordnung gebracht werden. Und da half so ein Spruch allemal. Besonders wenn Mama einen dabei in die Arme nahm oder über den Kopf streichelte.

Auch das Zu-Bett-Gehen und Einschlafen war viel leichter, wenn die Mutter sich ans Bett setzte und ein Wiegenlied sang. Mama kannte einige davon, und manchmal spielte Papa im Wohnzimmer nebenan auf dem Klavier dazu »Guten Abend, gut Nacht, mit Rosen bedacht ...« oder »Weißt du, wie viel Sternlein stehen an dem blauen Himmelszelt ...«.

Es gab auch ganz einfache Lieder, die wir bald mitsingen konnten, wie:

Schlaf, Kindlein, schlaf!
Der Vater hüt' die Schaf.
Die Mutter schüttelt's Bäumelein,
da fällt herab ein Träumelein.
Schlaf, Kindlein, schlaf!

Ab und zu ging es dabei auch recht spaßig zu. Dann hieß der Text so:

Schlaf, Kindlein, schlaf!
Der Vater ist ein Schaf.
Die Mutter ist ein Trampeltier,
was kann das arme Kind dafür?
Schlaf, Kindlein, schlaf!

Dabei konnten die Rollen des Vaters und der Mutter auch ausgetauscht werden. Dann wurde die Mutter zum Schaf und der Vater zum Trampeltier. Doch ratsam waren solche Variationen zum besseren Einschlafen nicht immer. Manchmal bewirkten sie das Gegenteil und ließen uns Kinder erst recht munter werden.

Zur gleichen Melodie gab es auch einen Text, der noch aufregender war, denn da ging es um Krieg. Und solch einen hatten wir gerade hinter uns. Dieses Lied ging so:

Maikäfer flieg!
Der Vater ist im Krieg.
Die Mutter ist im Pommerland
und Pommerland ist abgebrannt.
Maikäfer flieg!

Bestimmt war das kein Lied zum Einschlafen! Da war es schon wirksamer, wenn Mama oder Papa mit der Hand über unseren Kopf strichen und uns eine gute Nacht wünschten.

Nivea und die gute Fee

Ich hatte in meiner Kindheit auch ein Erlebnis, das zeigt, wie man das Seelenheil eines Kindes wieder ins Gleichgewicht bringen kann.

In der Kleinstadt, in der ich aufwuchs, waren im Krieg auch ein paar Bomben gefallen. Auf dem Platz neben unserer ersten Wohnung im Sonnengässle mit den zwei Zimmern zeugte noch ein Trümmerhaufen von der schlimmen Zeit. Für uns Kinder war der Steinhügel aber eher ein toller Abenteuerspielplatz.

»Wer ist zuerst oben?«, hieß es da zum Beispiel.

Und anschließend: »Wer ist als Erster wieder unten?«

Meistens ging auch alles gut. Mal siegte der eine, mal der andere, je nach Tagesform! Doch einmal kam bei diesem Spiel ein gewaltiger Steinbrocken ins Rollen und landete auf dem Ringfinger meiner linken Hand. Zuerst spürte ich nichts. Dann sah ich, dass der Fingernagel weg war und das Blut zu rinnen begann.

Zetermordio schreien und ins Haus rennen war jetzt eins. Doch da war niemand. Papa war bei der Arbeit und Mama wahrscheinlich einkaufen. Was tun?

Im Nachbarhaus flog ein Fenster auf. Mein Geplärr war ja nicht zu überhören. Es war ein Geschäftshaus, in dem ein Dienstmädchen den Haushalt versorgte. Was für ein Glück! Die Gute kümmerte sich um mich.

Sie setzte mich auf ihren Schoß, besah sich den Finger, tupfte das Blut ab und strich mir Niveacreme darauf. Mein Kopf lehnte dabei an ihrem üppigen Oberteil. Und als sie mir dann noch eine Süßigkeit als Trostpflaster in den Mund schob, war der Schmerz vergessen und mein Seelenheil wieder in Ordnung.

Heute ist mir klar, dass die Kamillenbäder und der Verband mit der Ringelblumensalbe, mit denen mich die Mutter dann einige Tage lang verarztete, wesentlichen Anteil an meiner Genesung hatten. Aber damals erschien mir das hübsche Dienstmädchen aus dem Nachbarhaus wie eine gute Fee im Märchen!

4

Eins, zwei, drei, vier, Eckstein

Verstecken war immer ein beliebtes Spiel. Ums Haus herum und in der Nachbarschaft gab es genug Möglichkeiten, ein mehr oder weniger sicheres Versteck zu finden. Natürlich wurde zuerst abgezählt. Dieses Mal traf es Gina, Gabis Schwester, aus dem Nachbarhaus. Sie lehnte sich gegen die Hauswand, machte die Augen zu und zählte:

>Eins, zwei, drei, vier, Eckstein,
alles muss versteckt sein.
Hinter mir und vorder mir gilt es nicht,
und an beiden Seiten nicht!<

Danach zählte sie noch bis zehn, dann rief sie laut: »Ich komme!«

Jetzt hieß es aufgepasst! Sobald sie sich vom Anschlag entfernte, bestand für die anderen Kinder eine Chance, aus dem Versteck zu kommen und sich freizuschlagen.

Doch Gina hatte ihre Augen überall. Jedes Mal gab es ein Wettrennen. Manchmal gewann sie, manchmal hatten aber auch andere die Nase vorn. Wer am längsten unentdeckt blieb, durfte bei der nächsten Runde auf die Suche gehen.

Wir Kinder hätten das stundenlang spielen können. Aber nicht immer ging das Spiel ohne Störungen über die Bühne. Einmal, als meine Schwester Marianne suchen musste, meinte unsere Katze Mungo, sie müsste unbedingt dabei mitmischen. Sie brachte es fertig, ausgerechnet dorthin zu laufen, wo ich mich versteckt hatte.

»Mungo, du blödes Tier, hau ab!«, schrie ich wütend.

Natürlich war es für Marianne nicht schwer, mich ausfindig zu machen. Das Wettrennen zum Anschlag erübrigte sich.

»Mungo, braves Tier!«, bedankte sich meine Schwester und streichelte den Verräter auch noch.

Ein anderes Mal betätigte sich eine Frau aus der Nachbarschaft als Störenfried. Wie so oft lauerte sie hinter dem Vorhang ihres Küchenfensters und beobachtete uns Kinder mit Argusaugen. Es sollte ja keinem einfallen, sich in ihren Garten zu verirren!

Dieses Mal war mein Bruder Robert der Unglücksrabe, der ihren Zorn zu spüren bekam. Er hatte ausgerechnet einen Johannisbeerstrauch in ihrem Garten als Versteck ausgesucht. Kaum war er dahinter verschwunden, wurde auch schon das Fenster aufgerissen.

»Mach, dass du aus meinem Garten rauskommst, du Tagedieb, du elender!«, keifte sie.

»Wir spielen doch nur Verstecken«, versuchte ich sie zu besänftigen.

»Schafft lieber was, ihr Nichtsnutze!«, schalt sie weiter.

Um des lieben Friedens willen kroch Robert hinter der Hecke hervor und suchte sich ein anderes Versteck.

Vom Weiterspielen ließen wir uns nicht abhalten. Aber vorsichtshalber machten wir um diesen Garten einen großen Bogen. Nicht dass die Nachbarin auch noch zu unserer Mutter lief. Sie hätte uns dann wohl oder übel ins Haus rufen müssen. Und das wollten wir dann doch nicht riskieren!

Außer dem Vers »Eins, zwei, drei, vier, Eckstein« kannten wir noch einen anderen Spruch, bei dem wir bis vier zählten, und der ging so:

Und eins und zwei und drei und vier,
ein Hut, ein Stock, ein Regenschirm,
vorwärts, rückwärts, seitwärts, ran.
Hacke, Spitze, hoch das Bein.

Dieser Spruch war die reinste Zauberformel, wenn der Weg endlos schien und die Beine immer schwerer wurden. Bei den ersten zwei Zeilen wurde tüchtig marschiert, dann wurde angehalten und ein Bein so bewegt, wie in der dritten Zeile beschrieben. Danach wurden Ferse und Zehen auf dem Boden aufgesetzt. Jetzt ein Bein hoch und dann ging's wieder von vorn los.

Wenn es aber schneller gehen sollte und keine Zeit für die Pausen mit den beschriebenen Fußverrenkungen war, änderten wir den Spruch ab. Jetzt marschierten wir flott drauflos und riefen dabei:

Und eins und zwei und drei und vier,
ein Hut, ein Stock, ein Regenschirm
und Himmel, Arsch und Zwirn!

Alle Müdigkeit war weg und das Ziel war im Nu erreicht! Wenn das kein Zauberspruch war, was dann?

... strick mir ein Paar Strümpf!

Heute könnten wir mal wieder ›Wer fürchtet sich vorm schwarzen Mann‹ spielen «, schlug Inge vor.

Sie wohnte im dritten Stock und war von diesem Spiel begeistert. Keiner hatte etwas dagegen und so durfte sie mit dem Abzählen beginnen. Einer musste ja den schwarzen Mann spielen. Inge legte los:

Eins, zwei, drei, vier, fünf,
strick mir ein paar Strümpf,
nicht zu groß und nicht zu klein,
sonst musst du der Fänger/Haschmann sein.

Es traf meinen Bruder Edgar. Alle anderen Kinder stellten sich in einer Linie nebeneinander auf. Edgar stand uns im Abstand von etwa zwanzig Metern gegenüber. Jetzt konnte es losgehen.

»Wer fürchtet sich vorm schwarzen Mann?«, rief Edgar.

»Niemand!«, brüllten wir zurück.

»Wenn er aber kommt?«, schrie mein Bruder.

»Dann rennen wir!«, schallte es ihm entgegen.

Alles rannte los, um hinter die Linie des schwarzen Mannes zu kommen. Dieser versuchte, möglichst viele dabei zu fangen. Wen er erwischte, musste ihm dann in der nächsten Runde beim Fangen helfen. Wer als Letzter noch nicht gefangen war, durfte den neuen schwarzen Mann spielen.

Dieses Spiel hielten wir meistens so lange durch, bis jeder mal als schwarzer Mann an der Reihe war – und das konnte lang gehen!

Übrigens: Es handelte sich hierbei keineswegs um ein rassistisches Spiel, wie heute manchmal vorschnell vermutet wird. Mit »schwarz« war keine Hautfarbe gemeint. Der »schwarze Mann« war ein Sinnbild für den Tod. Das Spiel entstand aus den Pest- und Totentänzen des Mittelalters.

Ein anderes Fangen-Spiel war Räuber und Gendarm. Gendarm kommt aus dem Französischen und bedeutet so viel wie Polizist. Bei uns war das ein geläufiger Begriff, wohnten wir doch in der französischen Besatzungszone.

Bei diesem Spiel mussten die Gendarmen die Räuber fangen und ins »Gefängnis« abführen. Neben dem Fangen hatten sie aber auch alle Hände voll zu tun, die Gefangenen zu bewachen, denn diese konnten durch einfaches Abklatschen von ihren Kumpanen befreit werden. Dann ging die Jagd von vorne los.

Wenn die Gendarmen nicht flink genug waren, wurde einfach der eine oder andere Räuber zum Gendarm umfunktioniert, sonst wäre das Spiel nie zu Ende gegangen. Dabei war es gar nicht so einfach, freiwillige Gendarmen zu finden. Alle wollten lieber Räuber sein. Doch wozu hatten wir unsere Abzählverse? Wen es traf, der musste wohl oder übel in den sauren Apfel beißen und Gendarm spielen.

Auf drei oder sieben zählen?

Abzählverse mit Zahlen bis fünf waren beliebt. Es gab auch noch welche mit drei oder sieben.

Mit »drei« kannten wir:

Eins, zwei, drei,
rische rasche rei,
rische rasche
Plaudertasche,
eins, zwei, drei
und du bist frei.

oder:

Eins, zwei, drei,
Butter mit Brei,
Salz mit Speck
und du bist weg.

oder:

Auf dem Berge Sinai,
wohnt der Schneider Kikriki,
guckt mit seiner Brill heraus,
eins, zwei, drei und du bist raus.

Von diesem Schneider Kikriki gab es noch zwei andere Versionen. Die eine hieß:

Auf dem Berge Sinai
wohnt der Schneider Kikriki.
Seine Frau, die Margarete,
saß auf dem Balkon und nähte.
Fiel herab, fiel herab
und das linke Bein brach ab.
Kam der Doktor angerannt
mit der Nadel in der Hand.
Näht es an, näht es an,
dass sie wieder laufen kann.

Die andere gefiel uns noch besser:

Auf dem Berge Sinai
wohnt der Schneider Kikriki.
Seine Frau, die alte Lerche,
geht am Sonntag in die Kerche.
Setzt sich in die erste Bank,
lässt e Fürzle fahre.
Kommt der Mesner angesprunge:
»Alte, du hast falsch gesunge.«

Von den Abzählreimen mit »sieben« waren diese am beliebtesten:

Eins, zwei, drei, vier, fünf, sechs, sieben,
eine alte Frau kocht Rüben,
eine alte Frau kocht Speck
und du bist weg.

und:

Eins, zwei, drei, vier, fünf, sechs, sieben,
in der Schule wird geschrieben,
in der Schule wird gelacht,
bis der Lehrer pitsch, patsch macht.
Au, Herr Lehrer, das tut weh,
morgen komm ich nicht mehr her.
Übermorgen noch einmal,
aber mit dem Großpapa.
Großpapa ist gar nicht dumm,
haut dem Lehrer die Nase krumm.

Und da es in meiner Schulzeit noch Lehrer gab, die pitsch, patsch machten, fanden wir die Rache des Opas manchmal gar nicht so übel.

Hoppe, hoppe, Reiter

Kinderreime und Fingerspiele waren besonders bei den kleineren Geschwistern beliebt. Nicht immer war schönes Wetter. Und so mussten sie drinnen im Zimmer von den Eltern, Großeltern oder uns größeren Kindern bei Laune gehalten werden. Es gab für uns nichts Schlimmeres, als wenn sie quäkten und quengelten. Also setzte man sie auf den Schoß, fasste sie an den Händen und ließ sie auf den Knien reiten. Dazu hieß es dann:

Hoppe, hoppe, Reiter,
wenn er fällt, dann schreit er.
Fällt er in den Graben,
fressen ihn die Raben.
Fällt er in den Sumpf,
macht der Reiter plumps!

Dabei ließ man den Reiter oder die Reiterin nach hinten kippen. Das war ein Spaß! Die Kleinen konnten nicht genug kriegen und riefen immer wieder: »Nochmal!«

Zur Abwechslung kam dann zwischendurch noch ein anderer Vers zum Einsatz:

Ri-ra-rutsch,
wir fahren mit der Kutsch.
Wir fahren mit der Schneckenpost,
die uns keinen Heller kost'.
Ri-ra-rutsch,
wir fahren mit der Kutsch.

Fingerspiele mochten alle kleinen Kinder gern. Am bekanntesten war wohl dieses, zumal wir in der Heimat der »Bühler Frühzwetschge« wohnten:

Das ist der Daumen,
der schüttelt die Pflaumen,
der hebt sie auf,
der trägt sie heim,
und der kleine Schelm isst sie ganz allein.

Ein anderes ging so:

Da droben auf dem Berge,
da ist der Teufel los.
Da zanken sich fünf Zwerge
um einen dicken Kloß.
Der erste will ihn haben,
der zweite lässt ihn los,
der dritte fällt in'n Graben,
dem vierten platzt die Hos,
der fünfte schnappt den Kloß
und isst ihn auf mit Soß.

Und weil der Teufel mit im Spiel war, kamen dann die Engel als Ausgleich:

Fünf Englein haben gesungen,
fünf Englein kommen gesprungen.
Das erste bläst das Feuer an,
das zweite stellt das Pfännlein dran,

das dritte schüttet's Süpplein rein,
das vierte tut das Salz hinein,
das fünfte sagt: »'s ist angericht',
iss, mein Kind, und brenn dich nicht!

Wenn es Buchstabensuppe gab, war die Gefahr, sich beim Essen den Mund zu verbrennen, nicht so groß. Bis wir die passenden Buchstaben herausgefischt und damit unsere Namen an den Tellerrand geschrieben hatten, war die Suppe nicht mehr so heiß.

Backe, backe, Kuchen

Kinderreime, in denen es ums Essen ging, bekamen wir oft zu hören. Vielleicht dachten unsere Eltern, dass wir bereits vom Hören satt werden. Aber da hatten sie keine Chance. Appetit hatten wir immer, vielleicht gerade besonders bei diesen schönen Reimen.

Backe, backe, Kuchen,
der Bäcker hat gerufen:
Wer will guten Kuchen backen,
der muss haben sieben Sachen:
Eier und Schmalz,
Zucker und Salz,
Milch und Mehl,
Safran macht den Kuchen gel.
Schiebt ihn in den Ofen rein.
Wird doch bald gebacken sein?

Auch bei diesem lustigen Vers ging es um einen Kuchen:

Meine Mi, meine Ma,
meine Mutter schickt mich her,
ob der Ki, ob der Ka,
ob der Kuchen fertig wär.
Wenn er ni, wenn er na,
wenn er noch nicht fertig wär,
komm ich mi, komm ich ma,
komm ich morgen wieder her.

Für Kuchen waren wir immer zu haben. Und in der reichen Obstgegend, in der wir aufwuchsen, gab es je nach Jahreszeit öfters mal Erdbeerkuchen, Kirschkuchen, Zwetschgenkuchen oder Apfelkuchen. Ein recht einfaches, aber beliebtes Samstagessen war Kartoffelsuppe mit Apfelkuchen, eine Spezialität in unserer Gegend.

Und dieses Essen schmeckte allemal besser als »Fröschebein und Krebs und Fisch«, was es bei der kleinen Hex gab. Aber lustig war der Abzählvers doch! Und zählen lernen konnten wir da nebenbei auch noch. Er ging so:

Morgens früh um sechs kommt die kleine Hex.
Morgens früh um sieben kocht sie gelbe Rüben.
Morgens früh um acht wird Kaffee gemacht.
Morgens früh um neun geht sie in die Scheun.
Morgens früh um zehn holt sie Holz und Spän.
Feuert an um elf, kocht dann bis um zwölf:
Fröschebein und Krebs und Fisch,
hurtig, Kinder, kommt zu Tisch!

Und damit den Kleinen nichts passierte, gab es mindestens einmal täglich den folgenden Spruch als Warnung:

Messer, Gabel, Schere, Licht,
sind für kleine Kinder nicht!

Meistens hielten wir uns daran.

48

Hicke, hacke, Hühnerkacke

Wenn wir ein Spiel vorschlugen, galt es immer Rücksicht darauf zu nehmen, dass alle Kinder mitmachen konnten. Manchmal waren die Altersunterschiede ziemlich groß. Aber zum Glück hatten wir meistens etwas Passendes auf Lager.

»Häschen in der Grube« war so ein Spiel. Das Häschen saß mitten im Kreis und spielte vor, was die anderen Kinder sangen:

Häschen in der Grube,
saß und schlief,
saß und schlief,
armes Häschen, bist du krank,
dass du nicht mehr hüpfen kannst?
Häschen hüpf, Häschen hüpf, Häschen hüpf!

Das Häschen hüpfte jetzt zu einem anderen Kind, dem nächsten Häschen in der Grube.

»Blindekuh« eignete sich auch als Spiel für alle Mädchen und Buben. Das Kind, das es beim Abzählen traf, bekam die Augen verbunden. Danach drehte man es ein paar Mal im Kreis. Mit geschlossenen Augen und vom vielen Drehen ziemlich orientierungslos musste es jetzt versuchen, jemanden zu fangen. Alle hüpften und tanzten um die Blindekuh herum, riefen, zupften und neckten sie. Wer sich fangen ließ, war die nächste Blindekuh.

50

»Komm mit! Lauf weg!« gehörte auch zu den beliebten Spielen. Alle Kinder standen dabei im Kreis. Wer nach dem Abzählen dran war, lief außen herum, tippte ein Kind an und rief: »Komm mit!« oder »Lauf weg!«. Je nachdem musste man in die gleiche oder in die andere Richtung laufen. Jetzt ging das Wettrennen der beiden um den frei gewordenen Platz los. Wer es nicht schaffte, war der neue Läufer. Damit die Kleineren auch eine Chance hatten, liefen die Großen meistens absichtlich etwas langsamer.

Etwas schwieriger war das Spiel »Der Fuchs geht um«. Man stellte sich auch im Kreis auf. Aber es waren nicht nur Läuferqualitäten gefragt. Man musste auch höllisch aufpassen, dass man den Augenblick nicht verschlief, in dem der Fuchs das Taschentuch fallen ließ. Wer das nicht bemerkte und stehen blieb, war dann »ein faules Ei« und musste sich in den Kreis setzen.

Natürlich wurde immer zuerst abgezählt, bevor es losging. Man musste ja wissen, wer als Erster Häschen, Blindekuh, Läufer oder Fuchs sein durfte. Und da es bei diesen Spielen recht lustig zuging, wählten wir meistens auch unsere lustigsten und frechsten Abzählreime:

Der erste ging so:

Hicke, hacke, Hühnerkacke,
hicke, hacke, heck
und du bist weg!

51

Der zweite lautete:

Zehn Polizisten
hüpfen in die Kisten,
hüpfen wieder raus
und du bist draus.

Der dritte hieß:

Eins, zwei, drei,
in der Bäckerei
hat der Fiffi hingeschissen,
hat vergessen wegzuwischen,
eins, zwei, drei
und du bist frei!

Und der vierte schließlich:

Ein Elefant aus Sachsenhausen
ließ einen Furz ins Telefon sausen.
Ließ ihn wieder raus
und du bist draus.

Dieser Reim sorgte immer für fröhliche Gesichter. Das mit dem Elefanten und dem Telefon war auch zu lustig. Man musste sich das nur mal bildlich vorstellen!

Noch mehr Gelächter gab es bei diesem Vers:

Peter hat ins Bett geschissen
gerade aufs Paradekissen.
Mutter hat's geseh'n
und du darfst geh'n!

Natürlich kamen da alle Namen mal an die Reihe, nicht nur der Peter. Das Paradekissen kannten damals noch alle Kinder. In zweifacher Ausführung zierte es tagsüber das Bett von Mama und Papa im elterlichen Schlafzimmer. Es war ein großes Kissen mit Stickereien und anderen Verzierungen und lag auf dem eigentlichen Kopfkissen.

Verliebt, verlobt, verheiratet

Ballspiele waren zu allen Zeiten der Renner. Bei uns Kindern natürlich auch! Fußball, Handball, Korbball, Federball, Jägerball und Völkerball – kein Spiel, das wir ausließen. Da ging es meistens heiß her, denn jede Mannschaft wollte gewinnen. Doch es gab auch Ballspiele, bei denen es lustiger zuging.

»Ballfangen« war so eines. Alle stellten sich im Kreis auf. Wer den Ball hatte, trat in die Mitte, warf den Ball hoch und rief den Namen eines Mitspielers. Dieser musste den Ball auffangen. Fing er ihn, war er als Werfer dran. Ließ er ihn fallen, musste er ein Pfand abgeben.

Nach Spielende wurde es bei der Pfandversteigerung noch recht lustig. Zum Einlösen durften die Mitspieler spaßige Dinge vorschlagen: Grimassen schneiden, auf einem Bein um die Gruppe hüpfen, ein Lied singen, ein Mädchen küssen und ... Uns fiel immer was ein!

»Eins, zwei, drei, wer hat den Ball?« spielten wir auch gern. Wer den Ball hatte, musste den Mitspielenden den Rücken zudrehen und den Ball über seinen Kopf hinweg ihnen zuwerfen. Ein Kind fing ihn auf und versteckte ihn hinter sich. Alle taten so, als ob sie ihn hätten. Der Werfer musste erraten, wer ihn tatsächlich hatte. Schaffte er es, durfte er erneut werfen. Wenn nicht, war der Fänger dran.

»Verliebt, verlobt, verheiratet« war ebenfalls ein beliebtes Spiel. Wir stellten uns im Kreis auf und warfen uns den Ball zu. Wer ihn fallen ließ, war »verliebt«, beim zweiten Mal »verlobt«, danach »verheiratet«. Dann ging es mit »ein Kind«, »zwei Kinder« weiter, je nach der Kinderzahl, die man vorher ausgemacht hatte. Wer sie erreichte, schied aus.

Heute mag das viele erstaunen, wenn wir bei so einem Spiel bis zu zehn, zwölf oder gar fünfzehn Kindern zählten. Für uns Kinder war das aber nicht aus der Welt. Wir waren daheim zwar nur sechs Geschwister. Aber es gab auch Familien mit noch mehr Sprösslingen. Meine Oma erzählte uns immer, wie sie zusammen mit zwölf weiteren Geschwistern aufgewachsen war. Ich malte mir aus, wie lebhaft es da zugegangen sein musste. Allein schon beim Essen! Fünfzehn Leute am Tisch. Bis da jeder was hatte! Doch Oma meinte, dass es da alles andere als turbulent zuging.

»Bei Tisch herrschte Ruhe«, sagte sie.

Was ihre Mutter in den Teller schöpfte, musste genügen. Der Speiseplan war in Omas Kindheit nicht gerade üppig. Oft gab es dreimal am Tag Brotsuppe. Wer zu spät kam, ging leer aus.

Zum Glück hatten damals die meisten Leute Landwirtschaft, wie Oma erzählte. Und auf den Feldern gab es doch immer wieder was zu ernten. Verhungern brauchte man also nicht. Und wenn Schlachttag war, lag auch mal ein Stück Fleisch auf dem Teller.

Oma hatte eine harte Jugendzeit. Ihr Vater starb früh an einem geplatzten Blinddarm, zwei ältere Brüder fielen im Ersten Weltkrieg, fünf Geschwister starben an Krankheiten. Fünf Mädchen und der jüngste Bruder überlebten. Als Älteste musste Oma in der Landwirtschaft kräftig zupacken.

Wir atmeten tief durch, als Oma uns davon erzählte.

»Aber so kräftig bist du doch gar nicht«, sagte ich.

Oma war tatsächlich eine eher kleine und zierliche Person. Wie sollte sie das alles gepackt haben?

»Ihr glaubt gar nicht, was man alles kann, wenn man es muss!«, erklärte uns Oma. »Merkt euch das!«

Was sollte ich sagen? Ich habe es mir gemerkt!

Abenteuer auf der Gass

Eis am Stiel, das kost nicht viel

Was für ein Glücksfall war für uns Kinder das Sonnengässle in Bühl, in dem wir in den ersten Jahren nach dem Krieg wohnten. Autos fuhren da keine. Dafür war es viel zu schmal, und für Motorräder war es gesperrt. Wenn sich ab und zu mal ein Radfahrer hierherverirrte, warnte uns sein wildes Geklingel rechtzeitig. Überall in den Nachbarhäusern wohnten Mädchen und Buben, die sich im Sonnengässle tummelten. Ein richtiges Spielparadies, zumal daneben noch ein Bach munter dahinplätscherte und zum Spielen einlud.

Und Spielideen hatten wir genug. Meistens jedenfalls. Nur manchmal stach uns der Hafer und wir hatten dann Einfälle, die nicht bei allen Menschen in der Umgebung Bewunderung auslösten, eher ein inneres Zittern und Beben, vor Wut natürlich. So zum Beispiel beim Kioskpächter in der Hauptstraße, genau dem Sonnengässle gegenüber. Das hatte etwas mit dem Eis am Stiel zu tun, das es bei ihm zu kaufen gab. In Form eines Quaders, mit silbrigem Papier umwickelt, war es in drei Geschmacksrichtungen zu bekommen: Vanille, Schokolade und Erdbeer.

In einer Reihe auf der Mauer neben dem Bach zu sitzen und ein Eis zu schlecken, war für uns Kinder in der armen

Zeit nach dem Krieg ein Gefühl wie Weihnachten und Ostern zusammen. Wenn Oma sonntags zum Essen kam, rückte sie meistens für jeden einen Zehner heraus. Keinen Zehnmarkschein, den hatte sie oft selber nicht, aber ein Zehnpfennigstück. Das reichte immerhin für eine Kugel offenes Eis, das es beim Grafebeck gab. Doch so ein Eis am Stiel kostete zwanzig Pfennig. Und so viel Geld hatten wir selten.

Der Werbespruch »Eis am Stiel, das kost nicht viel!« behauptete zwar das Gegenteil, aber zwanzig Pfennig war damals viel Geld. Für fünf Pfennig gab es einen Wecken, für zehn Pfennig eine Brezel und für fünfzig Pfennig einen Laib Brot. Unsere Mutter war froh, wenn sie das Geld für das Brot und die Margarine hatte, damit sie alle hungrigen Mäuler stopfen konnte. Marmelade als Brotaufstrich hatte sie genügend eingekocht.

Wenn wir kein Geld für ein Eis am Stiel hatten, lungerten wir ab und zu gelangweilt um den Kiosk herum. Dem Pächter schwante nichts Gutes, sein Gesicht verfinsterte sich zusehends.

»Habt ihr nichts zu tun?«, schalt er.

Und als keine Antwort kam, bellte er: »Entweder ihr kauft was oder ihr verschwindet, aber plötzlich!«

»Was kostet denn ein Zwanziger-Eis?«, fragte ich mehr scheinheilig als unwissend.

Jetzt gab es für den armen Mann kein Halten mehr. Wie ein gereizter Stier sauste er aus dem Kiosk heraus und rannte uns nach.

»Euch werd ich's zeigen, Saucorps, elendes!«

Zum Glück hatten wir einen Vorsprung, den wir nicht mehr hergaben. Und im Sonnengässle dachten wir uns dann neue Abenteuer aus, auch ohne Eis am Stiel.

60

Doch manchmal, wenn wir fleißig Zeitschriften ausgetragen hatten, konnten wir uns die begehrte Delikatesse leisten. Und wenn der Kioskpächter dann die strahlenden Kinderaugen sah, machte auch er ein zufriedenes Gesicht.

Scherben bringen Glück

An der Ecke zur Hauptstraße gab es ein Kaufhaus mit großen Schaufenstern. Hinter einem der Fenster waren menschengroße Modepuppen zu bewundern, die die neuesten Kleider zur Schau trugen. Alle standen friedlich und wohlgeordnet da, bis zu dem Tag, an dem Achim, der Sohn des Storchenwirts, mit einem Leiterwägelchen im Sonnengässle auftauchte. Neugierig betrachteten wir das tolle Gefährt. Natürlich war bald klar, dass wir ausprobieren mussten, ob sich der Karren auch als Rennwagen eignete.

Achim übernahm die Steuerung, schließlich gehörte ihm der Wagen. Mein Bruder Robert durfte im Karren Platz nehmen, denn er war Achims bester Freund. Und der Rest der Bande stellte sich als Antriebshilfe zur Verfügung.

Die Rennvorstellung konnte beginnen. Zunächst ging es das Sonnengässle entlang in Richtung Johannesplatz. Dort gab es ein gewagtes Wendemanöver, bei dem der Karren ins Schlingern kam.

»Das war knapp!«, rief Robert, als der Wagen sein Gleichgewicht wiedergefunden hatte. Man sah ihm die Erleichterung an.

Das Rennen konnte weitergehen. Auf der Rückfahrt wurde das Gefährt immer schneller, der »Motor« lief zur Höchstform auf. Der Steuermann hatte Mühe die Deichsel zu halten. Aber im Jubelgeschrei der Dahinrasenden fiel das keinem auf.

Schon war das Kaufhaus in Sicht. Doch ans Bremsen dachte niemand. Die Schubkraft wurde so stark, dass Achim in schierer Verzweiflung das Steuer losließ. Einer Rakete gleich

64

schoss das Fahrzeug in das Schaufenster. Die Scheibe klirrte, die modischen Damen fielen vor Schreck um, und Fahrer wie Motor dieses Himmelfahrtskommandos stoben in alle Richtungen.

Als Robert alle davonrennen sah, dachte er nur an eines: Nichts wie hinterher! Den Schrecken der Umstehenden nutzend, schüttelte er die Glasscherben von sich ab und rannte davon, als sei der Teufel hinter ihm her. In Windeseile kletterte er über das geschlossene Hoftor und versteckte sich im elterlichen Wohnhaus. Äußerlich war ihm zum Glück nichts passiert, doch der Schrecken saß ihm noch lange in den Gliedern und den anderen, die dabei waren, auch.

Und den Eltern des gesamten Rennstalls fiel ein Stein vom Herzen, als die Versicherung des Storchenwirts für den entstandenen Sachschaden aufkam. So kann das Sprichwort »Scherben bringen Glück« weiterhin seine Gültigkeit behalten.

Fünfe auf einen Streich

In einem bekannnten Grimm'schen Märchen zieht ein Schneiderlein mit einem Gürtel durch die Welt, auf dem die Worte stehen: »Sieben auf einen Streich«. Das Schneiderlein hatte, um sein Marmeladenbrot zu verteidigen, sieben Fliegen auf einmal erschlagen. Das, so beschloss er danach, sollte die ganze Welt erfahren. Am Ende seiner abenteuerlichen Reise bekam er die Königstochter zur Frau und das halbe Königreich dazu.

Ich hatte es einmal mit fünfen auf einen Streich zu tun. Aber das war alles andere als märchenhaft. Eine Prinzessin kam in der Geschichte auch nicht vor, geschweige denn ein halbes Königreich!

Alles fing ganz harmlos an. Mein jüngster Bruder Robert spielte draußen im Sonnengässle vor unserem Wohnhaus friedlich und ganz allein mit seinen Murmeln, die er von seiner Patentante neulich zum Geburtstag bekommen hatte. Mit der Zeit kamen ihm immer wieder neue Einfälle, wie er sich mit den bunten Kugeln die Zeit vertreiben konnte.

Gerade war er dabei, sie aus einiger Entfernung in eine leere Schuhschachtel rollen zu lassen, die er an der Hauswand als Tor aufgestellt hatte. Er war so in sein Spiel vertieft, dass er nicht bemerkte, wie fünf größere Kerle gelangweilt dahergeschlendert kamen und Roberts Bemühungen grinsend beobachteten.

»Geh mal auf die Seite, Kleiner!«, bellte plötzlich einer von ihnen und schubste Robert weg.

»So macht man das!«, fuhr er fort und kickte die Murmel weg.

Die anderen vier machten es ihm nach.

»Hast du noch was zu melden, Kleiner?«, feixte der Anführer und wollte mit seinen Kumpels weiterziehen.

Robert war sauer. Die Tränen standen ihm im Gesicht. Aber ganz ohne Gegenwehr wollte er sich nicht geschlagen geben. Also streckte er seinen Peinigern einfach die Zunge heraus. Das wiederum konnten sich die fünf Halbstarken nicht gefallen lassen und kamen drohend auf ihn zu.

Blitzschnell erfasste Robert die für ihn gefährliche Situation, rannte ins Haus und brüllte Hilfe suchend nach mir. Immerhin war ich sein älterer Bruder, aber alles andere als ein Herkules. Ich wusste nicht, was mich draußen erwartete, sonst hätte ich nicht den Helden gespielt. Als die fünf Riesen den »großen Bruder« sahen, machten sie nicht viel Federlesens. Für Roberts herausgestreckte Zunge bekam ich von jedem eine gewischt, dann durfte ich heulend abziehen.

Und der Lohn für mein heldenhaftes Auftreten? Weit und breit keine Prinzessin und auch kein halbes Königreich! Dafür eine dicke, rot glühende Backe, gar nicht märchenhaft! Und Robert? Er hatte sich hinter der Hausecke versteckt und schickte den Davonziehenden eine lange Nase hinterher.

Am liebsten hätte ich ihm auch eine rote Backe besorgt. Aber ich hab es dann doch gelassen: Schließlich war er mein kleiner Bruder!

Maikäfer, flieg!

Das Sonnengässle hatte seinen Namen nicht von ungefähr. In der engen Gasse am Rand der munter dahinplätschernden Bühlot stand kein Baum, der an heißen Sonnentagen Schatten gespendet hätte. Und in der Rheinebene am Fuße des Schwarzwalds kann die Hitze manchmal schier unerträglich werden.

An solchen Tagen mussten wir Kinder uns nach einem anderen Spielplatz umsehen. Wir konnten zum Beispiel zu Egon nach Hause gehen. Er wohnte in der Nachbarschaft und hatte von seinem Onkel eine ganze Armee von Zinnsoldaten geerbt, mit denen wir »Kriegerles« spielen konnten. Manchmal versammelten wir uns auch im Hinterhof vom »Schwanen«, einem bekannten Gasthaus in der Stadt, und vertrieben uns dort die Zeit mit Murmelspiel. Egon hatte im Gegensatz zu Robert Murmeln aus farbigem Glas, Roberts Kugeln waren aus Ton.

Aber neidisch waren wir deswegen nicht. Egon ließ uns an seinen Errungenschaften immer teilhaben. Auch hatte uns unsere Mutter deutlich gemacht, dass wir sechs Geschwister waren und Egon als Einzelkind aufwuchs.

»Bei uns heißt das immer: mal sechs!«, hatte sie uns erklärt.

Wir Kinder wussten, dass dies materiell mit Einschränkungen verbunden war. Aber meistens waren wir froh, dass wir so viele Geschwister hatten.

Und dann gab es für uns Kinder noch einen Spielplatz, der bei heißem Wetter verlockend war: die kleinen Bäche auf den Wiesen in Richtung Ottersweier. Wie aufregend und span-

70

nend war es, Molche oder Stichlinge zu fangen und sie in Einmachgläsern auf dem Gepäckträger des Fahrrads nach Hause zu transportieren. Unsere Mutter war da nicht so entzückt, aber sie ließ uns in unserem Forscherdrang gewähren.

Manchmal wunderten wir uns allerdings, wenn am nächsten Morgen die Gläser leer am Fensterbrett standen.

»Die müssen des Nachts ausgeflogen sein«, meinte Mama dann und zuckte mit den Schultern.

Wir machten uns unsere Gedanken und hatten leise Zweifel, zumal wir ab und zu ein leichtes Grinsen in Mamas Gesicht zu entdecken glaubten.

Eine Riesenaufregung gab es einmal, als wir im Monat Mai eine ganze Schuhschachtel voller Maikäfer nach Hause brachten. Die gab es damals massenhaft. Man musste nur an einem Baum schütteln und schon regnete es die braunen Kerle herunter. Der Transport war einfach: Löcher in den Deckel eines Schuhkartons stechen, die Käfer hinein und ein paar Blätter von den Zwetschgenbäumen dazugeben.

Jetzt stand der Theatervorführung frei nach Wilhelm Busch nichts mehr im Weg. Unser Vater hatte die Angewohnheit, zu ganz bestimmten Zeiten das Plumpsklo draußen im Hof aufzusuchen, dabei hatte er immer etwas zu lesen unter dem Arm. Eine passende Kulisse für unser geplantes Theaterstück. Bevor es wieder einmal Zeit war für Papas Niederlassung, setzten wir überall im Klo unsere Krabbelfüßler aus. Dann legten wir aus auf die Lauer und warteten auf die Vorstellung.

Kaum hatte Papa im Kabäuschen Platz genommen, um sich in Ruhe seiner Lektüre zu widmen, kam die ganze Maikäferbrigade von allen Seiten angekrochen, um zu prüfen, ob unser Vater kitzlig sei. Wir waren gespannt wie ein Regenschirm.

Plötzlich ein durchdringender Schrei, ein Scharren und Poltern im Klohäuschen, dann flog die Tür auf. Heraus stürzte Papa, in der einen Hand die zerfledderte Zeitung und mit der anderen notdürftig die Hose festhaltend.

»Emmi! Emmi, komm!«, schrie er.

Emmi, das war Mama. Bei dem Geschrei fürchtete sie wohl, der Klositz wäre gebrochen und ihr Gatte schwebte über dem Abgrund. Aber als sie Papa in seinem Aufzug so dastehen sah, musste sie schallend lachen.

Das war das Zeichen für uns, aus dem Versteck zu kommen. Wenn Mama lachte, konnte die Strafe nicht schlimm sein. Vorsichtshalber verkniffen wir uns aber das Lachen. Doch insgeheim waren wir richtig stolz. Die Vorstellung war ein voller Erfolg gewesen!

Ade, Zinkbadewanne!

Das Jahr 1956 brachte für unsere Familie einige Änderungen mit sich. Wir zogen aus den beengten Wohnverhältnissen im Sonnengässle aus. Die neue Wohnung in der Benderstraße hatte nicht nur mehr Zimmer, sondern vor allem ein Bad mit einer Badewanne und ein WC mit einer Wasserspülung. Ade, Plumpsklo draußen über den Hof! Ade, Nachttopf unterm Bett! Ade, Zinkbadewanne samstags in der Küche, in der wir Kinder allesamt in einer Wannenfüllung geschrubbt worden waren!

Jetzt hatten wir auch einen großen Garten, vorne zur Straße hin für die Blumen und zum Nachbargrundstück hin für das Gemüse. Hier sollte die Zinkbadewanne ihren neuen Platz finden.

»Da können wir das Regenwasser zum Gießen sammeln«, sagte Mama, praktisch denkend wie immer.

Das Sonnengässle als Spielplatz war weg. Aber auf die Gass konnten wir weiterhin. Die Benderstraße war wenig befahren, hintern Haus war ein großer Hof, und Wiesen und Äcker mit Obstbäumen gab es ringsum genug. Auch für die Bühlot war Ersatz vorhanden. Direkt an unseren Gemüsegarten angrenzend gab es einen Kanal, dessen Wasser zu einer Spankorbfabrik in der Nähe floss.

Und an neuen Freunden und Spielkameraden fehlte es in dieser Gegend auch nicht. Wen wundert's also, wenn wir uns hier bald wieder zu Hause fühlten.

Auf der Suche nach neuen Abenteuern fiel uns immer wieder die Zinkbadewanne auf, die unserer Meinung nach so unnütz im Garten herumstand. Gießwasser gab es doch im Ka-

73

nal genug, dachten wir. Die Wanne müsste irgendwie zu etwas Nützlicherem zu verwenden sein.

»Das wäre ein prima Boot«, meinte Edgar, einer meiner Brüder.

»Genau! Damit könnten wir eine Stocherkahnfahrt auf dem Kanal machen!«, stimmte ich zu.

»Ob das gut geht?«, fragte Marianne, das einzige Mädchen in unserer Familie.

»Klar geht das!«, riefen alle Umstehenden im Chor und die Entscheidung war gefallen.

Mit vereinten Kräften wurde das Regenwasser ausgeleert. Die Pflanzen ringsum ersoffen fast im plötzlichen Wasserfall und leise, damit Mama nichts merkte, schlichen wir mit unserer Eroberung davon. An einer günstigen Stelle in Richtung Altschweier setzten wir die Wanne ins Wasser.

»Hurra! Sie hält!«, riefen wir triumphierend.

Schon wollen wir alle hineinsteigen, als mir dann doch Bedenken kamen.

»Wir wollen es lieber erst mit nur einem Passagier probieren«, schlug ich vor.

Wir losten, und Robert, der Jüngste, war der glückliche Bootsmann. Hinein mit ihm, ein kleiner Schubs und los!

Ein paar Meter weit ging alles gut. Aufrecht stand Robert da und stocherte mit seinem Stecken im Kanalwasser herum. Doch was war das? Die Wanne schien die Richtung zu verwechseln! Statt die Weite suchte sie plötzlich die Tiefe! Robert schien diese Absicht bereits zu merken. Zetermordio schreiend fuchtelte er wie wild mit seinem Stecken durch die Luft und beschleunigte so noch eher seinen Untergang. Immer schneller blubberte der ganze Stolz unseres jungen Schiff-

74

fahrtsunternehmens weg. Aber aufrecht wie ein Kapitän hielt Robert die Stellung.

Jetzt war höchste Eile geboten. Ehe unser Schiff zum U-Boot wurde, mussten wir handeln. Wie als Fügung des Himmels lagen am Ufer ein paar Bohnenstangen. Jeder packte eine und stocherte damit in Richtung Katastrophenstelle. Mit dem letzten Mut der Verzweiflung griff unser tapferer Admiral nach einem Stecken und sicher brachten wir ihn ans rettende Ufer. Triefend und schlotternd stand der Held vor uns. Das war ja gerade noch einmal gutgegangen!

Wie begossene Pudel trotteten wir nach Hause. Was sollten wir Mama über den Verbleib ihrer Zinkbadewanne erzählen? Ein Satz Ohrfeigen schien uns sicher, mindestens!

Doch wir hatten Glück. Unsere Mutter schalt zwar fürchterlich, war dann aber so damit beschäftigt, Robert wieder trocken zu kriegen, dass die ganze Sache für uns glimpflich endete.

»Ihr seid mir so Seeräuber!«, sagte sie später und schüttelte immer wieder den Kopf.

Da hatte ich den Salat!

Eine neue Gegend bringt natürlich auch eine neue Nachbarschaft mit sich. Interessant für uns Kinder war besonders ein Nachbar, der Bienen hatte. Mama schimpfte zwar manchmal heftig, wenn diese emsigen Nektarsammlerinnen wieder einmal auf der frisch gewaschenen Wäsche landeten und kleine, braune Punkte darauf hinterließen, aber das Glas Honig zur Erntezeit versöhnte auch sie immer wieder.

Bald kannten wir uns in der Imkerei so gut aus, dass wir an den Tagen, an denen eine Bienenkönigin vorhatte, mit ihren Drohnen zum Hochzeitsflug auszuschwärmen, für den berufstätigen Imker-Nachbar Wache schoben. Sobald der Schwarm sich auf- und davonmachte, sausten wir mit der Spritzpumpe hinterher, bis sich der summende Haufen am Ast eines Baumes in Form einer hängenden Traube niederließ.

Jetzt wurde gepumpt und gespritzt, um die Hochzeitsgesellschaft am Weiterflug zu hindern. Ein vorbereiteter Kasten wurde daruntergehalten und die vom Wasser plump gewordene Immenschar hineingeschüttelt. Dabei mussten wir höllisch aufpassen, dass die Königin dabei war, sonst wäre die herrscherlose Gesellschaft schnell wieder ausgekniffen. Wenn alles geklappt hatte, war uns ein dickes Lob des Nachbarn sicher, und beim Wabenschleudern durften wir dann munter Honig schlecken.

Fleißig wie die Bienen halfen wir diesem Nachbarn auch, wenn es galt, das gesägte und gespaltene Holz für den Winter auf den Boden über der Werkstatt zu tragen. Hinterher winkte uns ein kräftiges Vesper als Belohnung. Neben einer üppi-

76

gen Wurstplatte beherrschte dabei eine riesige Schüssel mit Selleriesalat den Tisch. Auf die Wurst freuten wir uns alle am meisten, denn die gab es bei uns daheim nur an besonderen Tagen. Der Selleriesalat war nicht so ganz mein Fall. Dieses Vitaminzeugs sollte zwar gesund sein, aber schon der Geruch war mir widerlich.

Trotzdem landete eine gewaltige Portion auf meinem Teller, die Nachbarin zeigte sich beim Schöpfen sehr großzügig. Von zu Hause aus gewohnt zu essen, was auf dem Teller war, schlang ich todesmutig die ganze unliebsame Sache als Erstes hinunter, um mich dann völlig unbelastet der Wurst auf dem Teller zu widmen. Aber das war ein großer Irrtum!

Ein Sprichwort sagt: »Der Mensch denkt und Gott lenkt.« Für meine Situation abgewandelt, hieß das: »Ich dachte und die Nachbarin lachte.« Hocherfreut hatte sie nämlich mitbekommen, dass ich den Selleriesalat so schnell aufaß. In der irrigen Meinung, dieses Zeug hätte mir besonders gut geschmeckt, sprang sie auf und schöpfte mir einen noch größeren Schlag auf meinen Teller.

»Lass es dir gut schmecken!«, meinte sie und lachte.

In meinen Ohren klang das wie Schadenfreude, obwohl sie es bestimmt gut mit mir meinte.

Entsetzt knabberte ich danach an meiner Wurst herum, mit Schaudern an den Selleriehaufen denkend, den ich noch verspeisen musste. Jetzt schlauer geworden, ließ ich ihn bis zum Schluss liegen, um weiteren Nachschublieferungen zu entgehen. Ich wusste, diese Kröte musste ich noch schlucken. Im Stillen nahm ich mir aber vor, bei der nächsten Einladung mit dem Selleriesalat vorsichtiger und bedächtiger umzugehen.

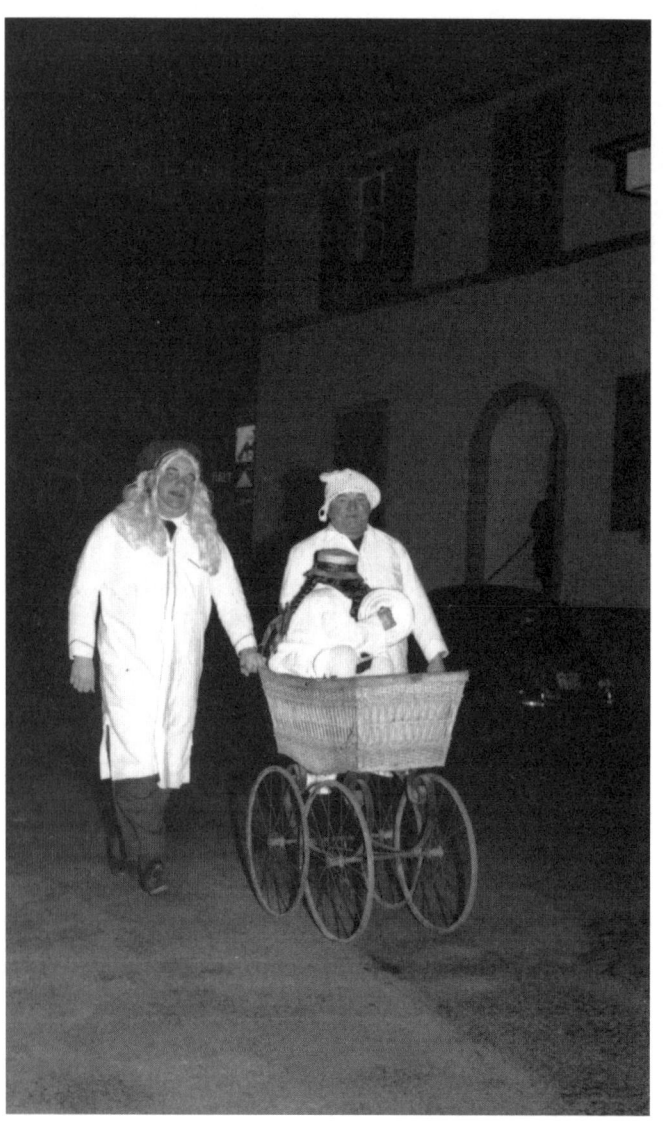

Kinderzeit im Jahresreigen

Lustig ist die Fasenacht

Eine heiß ersehnte Zeit für uns Kinder war immer die Fastnacht. Diese Schreibweise findet man im Wörterbuch. Ein volkskundiger Mensch klärte mich in meiner Schulzeit aber auf, dass Fastnacht nichts mit Fasten zu tun habe, sondern eher mit Faseln und deshalb die Schreibweise Fasnacht richtiger sei. Das leuchtete mir ein, denn im Badischen wird Fasnacht oder Fasenacht mit langem »a« gesprochen, was auch für das Wort »faseln« gilt, wogegen »fasten« ein kurzes »a« hat. Aber wie dem auch sei, uns Kindern war das egal. Wir hüpften durch die Straßen und sangen fröhlich:

Lustig ist die Fasenacht,
wenn mei Mutter Küchle bacht.
Wenn sie aber keine bacht,
pfeif i auf die Fasenacht.

Und siehe da! In manchen Häusern bekamen wir, wovon wir sangen: herrlich duftende Fasnachtsküchle, die natürlich gleich aufgegessen wurden. Die zuckrigen Finger schleckten wir ab, als Handtuch musste die Hose herhalten. Machte nichts, war ja Fasnacht!

Aber nicht nur die Küchle waren begehrt. Wir durften uns verkleiden. Bei den meisten Buben waren Cowboy und Indianer der Renner. Nicht nur wegen der Kostüme, wichtiger war die Käpselepistole. Die Pulverplättchen auf der Papierrolle »klepften«, rauchten und verbreiteten einen fürchterlichen Gestank. Diese »Waffen« mussten meine Brüder und ich allerdings heimlich einstecken, denn unser Vater war strikt gegen alles, was nach Waffe aussah. Schließlich hatte er als Soldat einen Krieg erlebt!

Aber zu einem richtigen Cowboy gehörte halt eine Pistole. Ein Indianer mit Pfeil und Bogen wurde gerade noch akzeptiert. Doch ein Cowboy ohne Colt? Für uns Kinder undenkbar!

Manche Mädchen in unserer Straße erfüllten sich an Fasnacht ihren Traum und liefen als Prinzessinnen durch die Gegend. Das passte nicht unbedingt zu unserer Wildwestausrüstung, aber danach fragte keiner. Auch eine Prinzessin ließ sich von einer Horde Indianer an einen Baum fesseln. Statt eines Prinzen kam halt dann Old Shatterhand und befreite die Schöne.

Auch zum Umzug am Fasnachtssonntag ließen wir Kinder uns einiges einfallen. Den Vogel dabei schoss Edgar ab. Er verkleidete sich so geschickt als hübsches Fräulein, dass man auf das anmutige Geschöpf schon hereinfallen konnte. Alles sah so echt aus mit Handtasche, Hut, Schminke im Gesicht und der mit zwei Tennisbällen raffiniert ausgestopften Bluse. Zu allem Überfluss hakte sich das schamlose Weibsbild auch noch bei mir ein. So spazierten wir durch die närrische Gesellschaft.

Das Echo darauf blieb nicht aus! Am anderen Tag bekam es unsere Mutter brühwarm aufgetischt.

»Der Günter hat eine! Wir haben ihn mit seiner Flamme in der Stadt gesehen. Ziemlich frühreif, das Bürschchen!«, hieß es in der wohlmeinenden Nachbarschaft. Mama kannte natürlich den wahren Sachverhalt und amüsierte sich köstlich.

Beliebt war auch der Hemdglonkerumzug. Das lag nicht nur am Nachthemd, das man am »Schmutzige Dunschtig« öffentlich zur Schau tragen durfte. Ein wichtiger Grund war auch die Tatsache, dass dieses Ereignis am Abend stattfand und wir länger aufbleiben durften. Laut stimmten wir in die Fasnachtssprüche ein wie

Hoorig, hoorig, hoorig isch die Katz,
und wenn die Katz nit hoorig wär,
dann fängt se keine Mäuse mehr,
hoorig, hoorig, hoorig isch die Katz!

Im Gasthaus »Zum Deutschen Kaiser« gab es an diesem Tag eine »Wassersupp« für die Narren. Natürlich wurde da nicht Wasser und Brot serviert. Das närrische Volk bekam eine nahrhafte Metzelsupp, eine kräftige, gut gewürzte Brühe mit reichlich Inhalt, vor allem Blut- und Leberwürste aus frischer Schlachtung, natürlich von der Haut befreit.

Befreit wurden auch wir Kinder vom Joch der Lehrer, wenn die Bühler Hexen am Vormittag des »Schmutzigen« die Schule stürmten und uns für den Rest des Tages in die Freiheit entließen. Jetzt begann die Fasnachtszeit erst richtig für uns, und wir konnten aus vollem Herzen jubeln: »Lustig ist die Fasenacht ...«

Von Palmeseln und Pfingstochsen

In der überwiegend katholischen Gegend rund um das badische Städtchen Bühl, in dem ich mit meinen fünf Geschwistern aufwuchs, war es am Palmsonntag für jeden Buben Ehrensache, mit einem Palmen in den sonntäglichen Gottesdienst zu stolzieren. Die Mädchen mussten sich zu der Zeit mit einfachen Palmsträußchen begnügen.

Schon Tage vorher wurde alles, was man zu einem richtigen Palmen brauchte, zusammengetragen: Zweige von Thuja, Stechpalme, Buchsbaum, Weidenkätzchen, dazu Stecken vom Haselnussstrauch oder Holunderbusch. Das Ganze wurde zu einem dicken Strauß gebunden und auf einem von der Rinde befreiten Stecken befestigt. Die einzige Zierde war noch ein Kreuzchen aus weichem Holunderholz. Damit stolzierten wir dann am Palmsonntag zur Palmweihe und dem anschließenden Gottesdienst in St. Peter und Paul.

Im landwirtschaftlich geprägten Stadtteil Kappelwindeck, wo Oma wohnte, waren die Palmen einige Nummern größer. Genauer gesagt, die Pfähle, auf denen die Palmen steckten! Es waren geschälte Stämme, die oft bis hinauf zur Kirchendecke reichten. Und die barocke Kirche St. Maria war nicht gerade klein. Tragen konnten die Buben ihre Palmen nicht. Sie wurden herangekarrt und im Kirchenschiff entlang der Bankreihen aufgerichtet.

Der Palmsonntag war für uns Kinder aber nicht nur wegen der Palmen ein besonderer Tag. Es galt da auch höllisch aufzupassen, dass man morgens nicht als Letzter aus den Federn kam. Sonst war man nämlich der Palmesel und musste sich den Spott der Geschwister den ganzen Tag lang anhören.

Doch nicht zu früh gefreut! Wenn diese Klippe am Palmsonntag umschifft war, lauerte ein paar Sonntage später die gleiche Gefahr noch einmal. Es war der Pfingstsonntag! Da konnte man zum Pfingstochsen avancieren, wenn man das Pech hatte, morgens als Letzter aufzustehen.

Ostern fällt bekanntlich immer auf den Sonntag nach dem ersten Frühlingsvollmond. Das bedeutet in der Jahreszeit mal früher, mal später. So hatten wir Kinder bei einem späteren Termin meistens größere Chancen, zum Fest Kniestrümpfe anziehen zu dürfen und die ungeliebten langen Strümpfe, die auch bei uns Buben mit Strapsen an einem Leibchen befestigt waren, loszuwerden.

Und an Ostern gab es etwas, worauf wir uns schon wochenlang freuten: Osterhasen! Die waren in meiner Kindheit aus Zucker, meistens aus rotem. Es gab aber auch gelbe und braune Exemplare. Schokohasen wie heute kannten wir damals noch nicht. Dafür gab es die Zuckerhasen in sämtlichen Variationen: stehend mit einem Tragekorb auf dem Rücken, sitzend mit überlangen Ohren, mit Auto, Lokomotive und Motorrad. Geschmeckt haben sie alle, denn mit Süßigkeiten wurden wir Kinder in der Nachkriegszeit nicht gerade verwöhnt.

Im Stadtteil Rittersbach wohnte die Hasenfrau. Sie hatte zwar auch einen bürgerlichen Namen, den unsere Eltern bestimmt kannten. Aber bei uns Kindern hieß sie nur Hasenfrau, da in ihrer Küche die begehrten Zuckerobjekte hergestellt wurden. Und im Wohnzimmer stand dann die ganze Auswahl zum Verkauf bereit. Eine Pilgerstätte für alle Familien in der Gegend!

Wir Kinder durften die Hasen bei dieser Gelegenheit natürlich nur anschauen. Aber die Vorfreude auf Ostern war umso größer. Manchmal hatten wir auch Glück und bekamen für zehn Pfennig eine Tüte mit Bruchstücken. Dann konnten wir mal nach Herzenslust Zucker schlecken! Das abendliche Zähneputzen nahmen wir da gerne in Kauf!

Im Frühling gab es einen Monat, auf den wir Kinder uns besonders freuten. Es war der Mai. Bei den älteren Burschen war das Maienstecken beliebt. Am Haus der Liebsten wurden ein kleines Bäumchen oder frisch grünende Zweige befestigt.

Bei uns Kindern war es der Maialtar, den wir daheim aufbauten. Wir hatten ein kleines Tischchen im Kinderzimmer. Auf ein weißes Tischtuch kam ein kleiner Hocker mit einem weißen Tuch darauf und auf diesen eine kleine Marienstatue, die wir für diesen Zweck aus dem elterlichen Schlafzimmer ausborgen durften.

Von unserer Mutter erbettelten wir zwei große Kerzen, die wir links und rechts von der Figur platzierten. Und dann strömten wir auf die Wiesen in der Gegend aus und pflückten Blumen für die großen und kleinen Vasen, mit denen wir unseren Maialtar schmückten.

Wenn alles fertig war, spielten wir Buben Kirche. Einer war der Pfarrer, die anderen die Ministranten. Natürlich auf Lateinisch! Schließlich kannten wir die Messgebete auswendig von unserem Altardienst in St. Peter und Paul. So hörte Mama dann statt der üblichen geschwisterlichen Streitereien aus dem Kinderzimmer ganz andere Töne.

»Introibo ad altare Dei« oder »Ad Deum, qui laetificat juventutem meam« und ähnliche lateinische Sätze.

»Sind halt doch brave Buben!«, murmelte sie dann vor sich hin.

84

April, April!

Doch vom Mai wieder zurück in den April. Dieser Monat ist im Jahresreigen nicht zu übersehen. Sein Image war schon immer etwas angeschlagen. Schuld daran sind die Wetterkapriolen, die er zu bieten hat. Und das war in meiner Kindheit in Baden nicht anders!

April, April,
der weiß nicht, was er will!

So sagten es die Erwachsenen uns vor und wir plapperten es nach. Aber das Wetter war ja auch oft danach. Regen, Sonne, Schnee, Sturm, Gewitter, Graupel, der April ließ es an nichts fehlen! Das Wetter war so launisch und unberechenbar wie manche bäuerliche Wetterregel wie zum Beispiel diese:

Kräht der Hahn auf dem Mist,
ändert sich das Wetter,
oder es bleibt, wie es ist.

Der Monat April beginnt mit einem Paukenschlag! Ich kenne kein Kind, das nicht am ersten April veräppelt, das heißt »in den April geschickt« wurde!

»Lauf in die Apotheke und hol ein Päckchen Owiedumm!«, war so ein beliebter, hinterhältiger Auftrag.

»Geh zum Kaufmann und bring mir eine Schachtel Haumichblau!«, war auch einer dieser fiesen Sprüche.

Manches Kind machte sich dann ahnungslos auf den Weg. Zum Glück waren die meisten Ladenbesitzer nach langen Jahren erfahren genug und auf solche Späße vorbereitet.

»Das Päckchen Owiedumm haben wir heute nicht«, meinte der Apotheker mit einem Lächeln im Gesicht und fühlte sich in seine eigene Kinderzeit versetzt. »Aber ein Himbeerbonbon habe ich für dich«, fügte er hinzu.

Flugs verschwand die begehrte Süßigkeit im Mund des Kindes. Der Gang in die Apotheke hatte sich doch noch gelohnt! Und wenn der Kaufmann mit der Schachtel Haumichblau ähnlich reagierte, war dieses »In-den April-Schicken« gar keine so üble Einrichtung!

Beim Versuch, den Erwachsenen dieses Glück angedeihen zu lassen, waren wir Kinder etwas vorsichtiger. Nicht jeder reagierte gelassen. Manches Mal endete der Versuch auch mit einer Schimpfkanonade oder gar einer kräftigen Ohrfeige. Aber zum Glück nahmen es viele Erwachsene auch recht locker.

In der Schule schickten wir einmal unsere Deutschlehrerin in den April. Sie sollte zum Direktor kommen, redeten wir ihr ein. Nichtsahnend machte sie sich auf den Weg. Bei ihrer Rückkehr erwarteten wir ein Donnerwetter. Nichts dergleichen! Ruhig setzte sie ihren Unterricht fort. Am Schluss schrieb sie die Hausaufgaben an die Tafel. Darunter stand: »Das ist kein Aprilscherz!«

»Gut reagiert!«, sagten wir anerkennend, als wir in die Pause gingen.

Bei unserem Französischlehrer hätten wir uns das nie getraut. Er war so streng, dass wir einen weiten Bogen machten, wenn es irgendwie ging. Doch wenn er Pausenaufsicht hatte, mussten wir wohl oder übel an ihm vorbei. Er blickte jeden

durchdringend an und wartete auf den Gruß »Guten Morgen, Herr Doktor!«.

Und wehe dem Pennäler, der den »Doktor« vergaß oder den Nachnamen anfügte! Er musste die Stufen wieder hinuntereilen und einen neuen Versuch wagen, so lange, bis der Herr Doktor zufrieden war.

Der Paukenschlag am Monatsende waren die Streiche, die an diesem Tag den Mitmenschen gespielt wurden! Die Nacht vom 30. April zum 1. Mai ist nach altem Volksglauben die Walpurgisnacht, in der die Hexen auf ihren Besen auf den Blocksberg fliegen. Grund für viele Kinder und Jugendliche in der Gegend, nach Einbruch der Dunkelheit Streiche zu spielen. Da wurden Gartentürchen ausgehängt, Regentonnen ausgeleert und woanders aufgestellt, Fußmatten versteckt, kurzum, alles, was nicht niet- und nagelfest war, mussten die Erwachsenen am nächsten Morgen in der ganzen Gegend suchen.

Da sah man nicht nur fröhliche Gesichter, wenn mancher am frühen Morgen noch schlaftrunken durch die Gassen irrte! Zum Glück lagen wir Kinder da noch friedlich lächelnd im Bett.

Den Vogel aber schossen ein paar kräftige, junge Burschen im Ortsteil Brombach ab. Sie zerlegten den Leiterwagen eines Kuhfuhrwerks in sämtliche Teile und bauten ihn oben auf dem Dachfirst eines Bauernhauses wieder auf. Das allein schon war eine gewaltige Leistung. Aber die Krönung des Werkes war, dass sie diesen Wagen auf dem Dach oben in Handarbeit noch mit Mist vollluden.

Das Gesicht des betroffenen Bauern hätte ich sehen wollen!

90

In die Schule geh ich gern

Der erste Schultag war auch in meinen Kindertagen, fünf Jahre nach dem Zweiten Weltkrieg, etwas Besonderes. Schultüten gab es zwar auch schon. Aber längst nicht alle Kinder hatten so eine. Ich auch nicht. Bei sechs Kindern konnten sich die Eltern einen solchen Luxus nicht leisten. Aber das war nicht weiter schlimm, da ich ja nicht der Einzige ohne Schlecktüte war.

Hauptsache, der Inhalt des Schulranzens stimmte: Schiefertafel mit Schwämmchen und Lappen, dazu der hölzerne Griffelkasten mit den Griffeln. Ein Pausenbrot durfte natürlich auch nicht fehlen!

Respekt und sogar ein bisschen Angst hatte ich schon, als ich zum ersten Mal in die ehemalige Schlappenfabrik am Stadtgarten trottete. Die behütete Kindergartenzeit in St. Elisabeth war vorbei.

»Wart, wenn du erst mal in die Schule kommst, dann beginnt der Ernst des Lebens!«, war ich wie alle anderen Kinder damals vorgewarnt.

Dabei hatten wir bei der Verabschiedung im Kindergarten doch noch so hoffnungsvoll gesungen:

Rote Kirschen ess ich gern,
schwarze noch viel lieber.
In die Schule geh ich gern,
alle Tage wieder.

Aber es war dann doch halb so schlimm, wie es nach der Vorwarnung zu befürchten war. Der alte Lehrer, den wir hatten, versammelte uns Kinder rund um den Flügel hinten im Klassenzimmer und sang mit uns das Lied:

Wer hat die schönsten Schäfchen,
die hat der gold'ne Mond,
der hinter unsern Bäumen
am Himmel droben wohnt.

Anschließend durften wir uns in die Bänke setzen und mit dem Griffel den ersten Buchstaben »a« auf die Schiefertafel schreiben. Jetzt waren wir richtige Schüler, und der Ernst des Lebens schien erträglich zu sein.

Die Buchstaben lernten wir mit Begeisterung. Als Belohnung winkte das selbstständige Erlesen der Texte in der Fibel. Denn zum Vorlesen hatten unsere Eltern keine Zeit. Zu viel mussten sie arbeiten, um ihre sechs Sprösslinge satt zu kriegen. Die farbigen Bilder im Lesebuch versprachen spannende Geschichten und lustige Gedichte. Und bald konnten wir sie selber lesen. Zwei lustige Gedichte faszinierten mich besonders. Das eine ging so:

Eine Kuh, die saß im Schwalbennest
mit sieben jungen Ziegen.
Sie feierten ein Jubelfest
und fingen an zu fliegen.
Der Esel zog Pantoffeln an,
ist übers Haus geflogen.
Und wenn das nicht die Wahrheit ist,
so ist es doch gelogen.

Das andere Gedicht hieß »Vom Riesen Timpetu«, war vom Dichter Alwin Freudenberg (1873–1930) und ging so:

Pst! Ich weiß was. Hört mal zu:
War einst ein Riese Timpetu.
Der arme Bursche hat, o Graus,
im Schlafe nachts verschluckt 'ne Maus.

Er lief zum Doktor Isegrimm:
Ach, Doktor, mir geht's heute schlimm!
Ich hab im Schlaf 'ne Maus verschluckt,
die sitzt im Leib und kneipt und druckt.

Der Doktor war ein kluger Mann,
man sah's ihm an der Brille an.
Er hat ihm in den Hals geguckt.
Wie? Was? 'ne Maus habt Ihr verschluckt?

Verschluckt 'ne Miezekatz dazu,
so lässt die Maus Euch gleich in Ruh!

Die Gedichte mussten wir auch auswendig lernen und vor der Klasse aufsagen. Das fiel nicht allen Kindern leicht, und manchmal gab es vom Lehrer ein paar Tatzen mit dem Meerrohrstock als Nachhilfe. Die Prügelstrafe war damals noch nicht abgeschafft, aber schlimme Auswüchse kannte ich nur vom Hörensagen. Ein paar Tatzen auf die Finger waren zu verschmerzen! Und erzählen taten wir das zu Hause sowieso nicht, sonst hätten wir bestimmt noch einen Zuschlag erhalten. So waren halt die Zeiten!

Aber lieber war es uns schon, wenn der Lehrer den Stock beiseitelegte, uns ums Klavier herum aufstellen ließ und mit uns sang. So zum Beispiel das Lied vom »Spannenlangen Hansel und der nudeldicken Dirn«. Das ging so:

Spannenlanger Hansel, nudeldicke Dirn,
geh'n wir in den Garten, schütteln wir die Birn'.
Schüttel ich die großen, schüttelst du die klein',
wenn das Säcklein voll ist, geh'n wir wieder heim.

Lauf doch nicht so närrisch, spannenlanger Hans!
Ich verlier die Birnen und die Schuh noch ganz.
Trägst ja nur die kleinen, nudeldicke Dirn,
und ich schlepp den schweren Sack mit den großen Birn'.

Mit so einem lustigen Lied auf den Lippen war der Heimweg auch viel leichter als mit einer Tracht Prügel oder einer schlechten Note im Schulranzen.

Hurra, Ferien!

Zur Schulzeit gehören auch die Ferien. Das war zum Glück in meiner Kindheit auch schon so. Sie waren eine Art fünfte Jahreszeit für uns Kinder, die schönste für manche.

Für die wenigsten Mädchen und Buben waren die Ferien damals gleichzusetzen mit Urlaub und Reisen in ferne Länder. Nichts mit Italien, Spanien, Frankreich oder gar Ägypten, Kenia, Malediven und so. Viele mussten daheim bleiben und bei der täglichen Arbeit mithelfen, vor allem in der Landwirtschaft. In der Bühler Gegend gab es massenhaft Zwetschgenbäume, die es zu ernten galt. Die blaue Frucht war damals ein begehrter Exportartikel und Broterwerb für viele Haushalte.

Doch wenn wir Glück hatten, blieben noch ein oder zwei Wochen übrig, in denen wir Geschwister zu Verwandten reisen durften, mal einzeln, mal zu zweit. Am schönsten war es, wenn wir mit der Dampfeisenbahn alleine verreisen durften, mal nach Forchheim bei Karlsruhe, wo Onkel Lukas mit seiner Familie ein Staatliches Versuchsgut bewirtschaftete, mal nach Baden-Baden zu Tante Maria, mal nach Schramberg zu Oma und Opa väterlicherseits.

Forchheim war meistens das Ferienziel meiner Geschwister Edgar und Marianne. Ich fuhr lieber nach Schramberg zu den Großeltern. Das war die weiteste Reise. Sie ging immerhin ins Württembergische. Dort wurde ich mal so richtig verwöhnt, auch wenn Oma zur Begrüßung jedes Mal die Hände über dem Kopf zusammenschlug und rief: »Um's tausig Gotts wille!«

Schon morgens schickte mich Oma in die Bäckerei Widmaier nebenan, um frische Brezeln und Brötchen zu holen.

»Aber extra rösche!«, sagte sie immer.

Und wie die schmeckten! Mit viel Butter und Honig und Marmelade, die Oma selber eingekocht hatte. Mit Oma durfte ich dann ins Schwimmbad gehen oder zum Schützenhaus wandern, wo es die leckere Schützenwurst mit Senf und Brötchen gab. Und am Wochenende ging Opa mit, natürlich mit Rucksack und Vesper! Wir wanderten zum Fohrenbühl, nach Aichhalden, zur Burg Hohenschramberg, nach Eselbach, nach Sulgen und Vierhäusern. Und in der Wirtschaft bekam ich dann immer eine Limonade. Das war etwas ganz Besonderes, denn bei uns daheim gab es nur Tee oder Leitungswasser.

Mein zweiter Hit waren Ferien bei Tante Maria in Baden-Baden. Wir Kinder nannten sie immer Tante Marialinde nach einer bekannten Wallfahrtskirche im benachbarten Ottersweier. Eigentlich war sie die Tante unserer Mutter, also unsere Großtante. Sie wohnte zusammem mit ihrem einzigen Sohn und dessen Frau und dem Enkel in einem Haus am Stadtrand in Richtung Merkur.

Nebenan war noch ein bäuerliches Anwesen mit Ställen, Scheunen und Tieren. Da war immer etwas los, zumal noch mehr Kinder in der Straße wohnten. Langweilig wurde es mir nie. Wenn mal keine Kinder draußen waren, schnappte ich das Kinderwagen-Sportmodell, setzte den kleinen Karlheinz hinein und sauste mit ihm durch die halbe Kurstadt. Mal ging es durch die Lichtentaler Allee, mal zum Alten Schloss hoch, mal hinauf zum Merkur mit der Sendeantenne des Südwestfunks, wie der SWR damals noch hieß.

Der Weg hoch zu Baden-Badens Hausberg führte durch den Wald. Wenn es da und dort raschelte und ich mich zu fürchten begann, drehte ich um und sauste den Berg hinunter, als ob eine Rotte Wildschweine hinter mir her wäre. Der kleine Bub im Kinderwagen jubilierte und klatschte fröhlich in die Hände. Die Raserei schien ganz nach seinem Geschmack zu sein. Vielleicht wollte er einmal Rennfahrer werden?

Ich war erst wieder froh, wenn ich unten an der Zahnradbahnstation ankam. Das Herz schlug mir bis zum Hals. Mit der alten Zahnradbahn ging es bequemer den Merkur hinauf und hinunter. Aber mitfahren durfte ich nur, wenn Tante Maria dabei war.

Auch in den Baden-Badener Ferientagen wurde ich so richtig verwöhnt. Tante Maria oder ihre Schwiegertochter Margot kochten immer eines meiner Lieblingsgerichte.

Nur nachts war es mir dort nicht ganz geheuer. Alle Schlafzimmer lagen im oberen Stockwerk. Ich musste ganz allein unten im Wohnzimmer auf der Couch nächtigen. Es gab keine Fensterläden, und ein paar Meter weiter war eine Haltestelle für

98

den O-Bus. Manchmal geisterte sein Lichtschein in mein Schlafgemach hinein und ließ gespenstische Schatten über die Wände huschen. Wie froh war ich jedes Mal, wenn ich aufwachte, und draußen war es hell!

Unsere Eltern fuhren mit uns nie in Urlaub. Das konnten sie sich bei dem knappen Budget in der Nachkriegszeit gar nicht leisten. Aber da waren sie nicht allein. Das ging den meisten Familien damals so.

Als ich dann zu den Ministranten von St. Peter und Paul gehörte, kam ich immerhin mal nach Frankfurt zum Flughafen oder nach Konstanz an den Bodensee. Und einmal, da war ich schon sechzehn, sogar nach Hamburg und auf die Insel Sylt. In der Oberstufe des Gymnasiums gab es dann Lehrfahrten in den Rheingau, in den Odenwald, ins Elsass, nach Basel und sogar nach Bozen in Südtirol. Das steigerte sich dann noch in der Studentenzeit mit einem einwöchigen Aufenthalt in der Goldenen Stadt Prag.

Heute sind oft schon kleine Kinder weiter gereist. Aber ob sie dabei mehr erlebt haben als wir damals? Eine Fahrt mit dem Dampfzügle nach Bühlertal oder eine Wanderung mit der Familie zur Hornisgrinde hoch war für uns Kinder jedes Mal ein tolles Erlebnis!

Und wenn Oma erzählte, dass sie zeitlebens kaum mal aus Bühl und Kappelwindeck herausgekommen war und ihre weiteste Reise nach Deißlingen bei Rottweil führte, wo sie eine ihrer Schwestern besuchte, dann waren wir eigentlich schon ganz weit in der Welt herumgekommen, oder?

Trarira, der Sommer, der ist da!

Oma hatte noch eine Landwirtschaft. Für Heu und Öhmd gab es die Landmatt, eine große Wiese jenseits der Bahnstrecke. War das ein Abenteuer, wenn wir mit dem Fuhrwerk, das von zwei Kühen gezogen wurde, unterwegs waren! Manchmal mussten wir am Bahnübergang warten, wenn es bimmelte und der Bahnwärter die Schranken herunterkurbelte. Es dauerte, bis der Zug auftauchte, Dampflok und Waggons vorbeigerattert waren und die Schranken wieder aufgingen.

Maschinen für die Heuernte waren damals noch nicht üblich. Alles musste von Hand erledigt werden. Das hieß für uns Kinder, den Rechen in die Hand nehmen und fleißig mithelfen! Aber wir wussten, Oma hatte immer eine Tasche dabei mit ein paar Schätzen darin für die Vesperpause: Speck aus der Räucherkammer, Brot aus dem Backhäusle, frischen Rahmkäse und saure Rollbohnen, das war ein Salat aus dicken, eingeweichten Bohnenkernen.

Später in der Schule mussten wir, wie damals nach den Ferien üblich, einen Aufsatz über unsere Ferienerlebnisse schreiben. Natürlich erzählte ich von meinem Abenteuer mit dem Fuhrwerk und der Arbeit auf der Landmatt. Unglücklicherweise verwendete ich dabei statt des hochdeutschen Wortes »Heu« die badische Dialektversion »Hau«, womit ich dann wochenlang von den Mitschülern gehänselt wurde.

»Na, habt ihr mal wieder Hau geholt?«, fragten sie immer wieder scheinheilig.

»Mach dir nichts draus, die sind ja nur neidisch!«, tröstete mich Oma.

Oma war eine kluge Frau. Wahrscheinlich hatte sie recht!

Reichlich Arbeit gab es auch auf den beiden Zwetschgen-äckern, die weit entfernt lagen! Flurbereinigung war damals noch ein Fremdwort. Mit großen Leitern aus der Wagnerei und neuen Spankörben aus den beiden Bühler Fabriken ging es an die Arbeit. Wenn die Ernte zu reichlich ausfiel, gab es manchmal Engpässe bei der Herstellung der Spankörbe, die damals für die Ernte verwendet wurden. Einmal artete die Ausgabe neuer Körbe an der Ablieferstelle bei der »Blume« im Ortsteil Rittersbach fast zu einer Schlacht aus. Dem Liefe-ranten wurden die Behältnisse vom Lastwagen herab derart aus den Händen gerissen, dass dabei einige zu Bruch gingen.

Aber zum Glück habe ich das als Kind nur einmal erlebt. Meistens ging es friedlich zu. Und wenn Oma mit unserer Ar-beit zufrieden war, stiftete sie uns in der »Blume« ab und zu mal eine Limonade. Die hatte sich auch mein Bruder Edgar redlich verdient, als er beim Armbrustschießen der Schüler am Zwetschgenfest im September Schützenkönig wurde. Als Sieger durfte er am Umzug teilnehmen. Natürlich feierten wir Geschwister da tüchtig mit!

Ein Feld mit Rüben hatte Oma auch. Das waren Dickrüben, die im Winter ans Vieh verfüttert wurden. Sie mussten zur Lagerung mit Körben in den Keller getragen werden. Es war klar, da durften wir Kinder nicht fehlen! Die Körbe zu tragen war natürlich für uns zu schwer. Aber auf dem Wagen einen nach dem anderen für die Erwachsenen vollzufüllen, das schafften wir schon. Und das taten wir auch fleißig, winkte doch nach getaner Arbeit für alle ein schmackhaftes Vesper.

Doch einmal handelte ich mir statt des lohnenden Vespers eine Tracht Prügel ein. Was war geschehen? Aus rein techni-

schem Interesse wollte ich mal schauen, wie die Bremsen an Omas Fuhrwerk funktionierten. Neugierig drehte ich die Bremskurbel nach links. Tatsächlich kam der Wagen ins Rollen! Jetzt aber schnell wieder nach rechts drehen, nahm ich mir vor. Doch da passierte es. Vor lauter Schwungholen rutschte ich aus und fiel hin. Derweil machte sich der Karren selbstständig und rollte davon.

Schreien war jetzt alles! Als Oma schreckensbleich auf der Bildfläche erschien, sah sie gerade noch, wie ihr Prunkstück aus Nachbars Gartenzaun Kleinholz machte. Es war das erste und einzige Mal, dass sie mir den Hintern versohlte.

Aber als es dann an der Zeit war, aus ein paar großen Dickrüben Rübengeister zu schnitzen und mit ihnen abends durchs Dorf zu laufen, schmerzte der Hintern schon lange nicht mehr.

... gelb die Stoppelfelder

Bunt sind schon die Wälder,
gelb die Stoppelfelder,
und der Herbst beginnt.
Rote Blätter fallen,
graue Nebel wallen,
kühler weht der Wind.

Spätestens dann, wenn wir dieses »Herbstlied« in der Schule auswendig lernen mussten, war im Jahresreigen der Herbst ins Land gezogen.

Der Text war für uns Schüler leichter zu merken als der Name des Schweizer Dichters Johann Gaudenz Freiherr von Salis-Seewis (1762–1834). Ursprünglich umfasste das Gedicht sieben Strophen, wobei zu unserem Glück nur vier davon im Lesebuch standen.

Und damit sich der Text auch wirklich in unser Gehirn einprägte, setzte sich unser Lehrer an den Flügel, der hinten im geräumigen Klassenzimmer stand, und sang mit uns die Vertonung des deutschen Komponisten Johann Friedrich Reichardt (1752–1814).

Wenn dann auch noch der Herbstwind kräftig blies, konnten wir Kinder es kaum erwarten, mit unseren selbst gebastelten bunten Drachen auf die Stoppelfelder hinauszustürmen. Mit dem richtigen Aufwind tanzten sie dann bald hoch in den Lüften herum.

Doch wehe, man wurde zu übermütig und passte nicht auf! Wie schnell konnte es passieren, dass das lustige Flugobjekt abstürzte. Die dünnen Holzleisten und das noch dünnere Transparentpapier hielten dem Aufprall nicht stand. Natürlich gab es dann Tränen!

Aber wozu waren die älteren Geschwister da! Am nächsten Flugtag hielten die Kleinen einen neuen Drachen in den Händen und strahlten wieder übers ganze Gesicht.

Äpfel und Birnen wurden in dieser Jahreszeit fast überall im Land geerntet. Doch in unserer Gegend reiften von September bis Oktober auch noch die Kastanien. Nicht die Rosskastanien, die wir unter den Bäumen im Stadtpark und entlang der Bühlertalstraße als herbstliches Bastelmaterial für die Schule auflasen. In unserer Gegend gab es auch einzelne Bäume und ganze Wälder mit essbaren Edelkastanien, »Keschde«, wie man im Badischen sagte.

Eine Tüte voll mit diesen nahrhaften, mehligen, im Wasser gekochten Früchten bekamen wir im Herbst des Öfteren als Pausenvesper mit in die Schule. Im Schulhof wurde die harte, braune Schale aufgebissen und der mehlige Inhalt ausgelutscht. Ein kostenloser Leckerbissen, da wir die »Keschde« selber aufgelesen hatten. Mancher neidisch guckende Klassenkamerad bot ein Stück von seinem Wurstbrot als Tauschobjekt an.

Und dann war da noch das »Herbschde«, die Weinlese, wie es heute im Duden heißt. Da durften wir Kinder natürlich nicht fehlen! Wir hatten schließlich auch mitgeholfen, als es galt, die Reben zu düngen, damit es eine reiche Ernte gab. In der armen Zeit der Nachkriegsjahre wurden keine Düngemittel gestreut wie heute. Wozu hatte jeder Bauern-

hof einen Misthaufen mit kostenlosem Dung vor dem Haus?

Jeder Helfer bekam seinen Ruckkorb damit vollgeladen, und dann ging es die steilen Hänge hinauf in den Weinberg. Alle mussten mithelfen, auch wir Kinder. Natürlich waren unsere Ruckkörbe kleiner und weniger beladen. »Kleinvieh macht auch Mist!«, hieß da die Devise.

Ruckkörbe kennt man heute fast nicht mehr. Sie wurden wie ein Rucksack getragen. Es waren geflochtene Tragekörbe, mit denen man Lasten bequemer den Buckel hinauftragen konnte. So auch den Mist in Omas Weinberge, von denen es zwei gab, die nicht sehr groß waren, dafür aber weit auseinanderlagen. Damals wurden nämlich die landwirtschaftlichen Güter unter den Kindern aufgeteilt. Und Oma stammte aus einer kinderreichen Familie.

Kerzenhalter für den Gang in den Keller.

110

Ein Festtag war es für uns Kinder, wenn dann die Trauben »getrottet« wurden. Oma hatte damals noch eine Trotte im Keller stehen. Eine Trotte oder Kelter, wie sie auch hieß, war eine Presse zur Gewinnung von Fruchtsaft, in diesem Fall Traubensaft, der in den Holzfässern zu Wein reifte. Aber an diesem Tag durften wir aus Herzenslust trinken, bis uns der Saft zu den Ohren herauslief, bildlich gemeint natürlich!

Damals stellte in unserer Gegend fast jeder Winzer seinen Wein noch selber her. Meistens nach überlieferten Rezepten, die von Generation zu Generation weitergegeben wurden.

Für uns Kinder war es in dieser Zeit richtig abenteuerlich, wenn Oma uns in den Keller schickte, um etwas heraufzuholen. Bei der Weinherstellung konnten unten im Keller giftige Gärgase lauern, die uns nach dem Leben trachteten. Später im Chemieunterricht lernten wir dann, dass es sich dabei um Kohlenstoffdioxid (CO_2) handelte, ein geruchloses Gas, das bei einem Gärungsprozess entsteht.

Als Kind wussten wir nur so viel, dass wir im Herbst nie ohne Kerzenlicht in den Keller durften. Zu diesem Zweck stand oben neben der Kellertreppe ein emaillierter Kerzenhalter mit Daumengriff und einer Kerze darauf wie beim Darmolmännchen aus der Werbung damals. Und niemand ging ohne das flackernde Licht die Treppe hinunter. Alle wussten, wenn die Flamme kleiner wurde und erlosch, war Gärgas im Keller. Dann hieß es: Schnurstracks nach oben!

111

Schwein gehabt!

Unsere Familie wohnte in der Stadt. Dort gab es viele Geschäfte und Fabriken, aber kaum noch Bauernhöfe. Der Ortsteil Kappelwindeck dagegen, in dem meine Oma lebte, war in meiner Kinderzeit ziemlich bäuerlich geprägt. Deshalb bekamen meine Geschwister und ich viel vom Landleben mit. Dazu gehörte auch der jährliche Schlachttag.

Wurst und Fleisch standen in den Jahren nach dem Krieg, in denen ich aufwuchs, nicht oft auf dem Speiseplan. Das passierte fast nur, wenn Oma geschlachtet hatte. Wie glänzten unsere Kinderaugen, wenn wir in ihrer Räucherkammer die Leberwürste, Schwarzwürste und Speckseiten baumeln sahen!

Zum Schlachten kam extra ein Metzger ins Haus. Und dann mussten alle tüchtig mithelfen, bis das erste Kesselfleisch gar war und gevespert werden konnte, natürlich mit Sauerkraut und selbst gebackenem Brot. Für die Erwachsenen gab es noch einen Schnaps dazu.

»Das ist nichts für Kinder!«, wurden wir belehrt, wenn wir nach der Flasche schielten. Und das war auch gut so. Das scharfe Zeug hätte uns sowieso nicht geschmeckt, da bin ich mir heute sicher.

Dafür erzählte Oma uns Kindern alle Jahre wieder die Geschichte vom Schwein, das am Schlachttag ausbüxte. Eine wahre Geschichte, wie sie jedes Mal betonte, die sie selbst als Kind erlebt hatte.

Kurz vor der Schlachtung hatte sich die arme Sau vom Seil am Hinterlauf befreit und war die Dorfstraße hinuntergerannt. Und Omas Eltern samt Kinderschar hinterher!

»Ihr könnt euch gar nicht vorstellen, wie schnell eine Sau rennen kann«, erzählte sie dann.

»Kein Wunder, wenn es ihr an den Kragen geht!«, meinte mein Bruder Edgar dazu.

»Sie ist ja um ihr Leben gerannt«, ergänzte ich.

Doch wir kannten das Ende der Geschichte bereits. Genutzt hat es der Sau nichts. Wie es ein Sprichwort sagt: »Viele Hunde sind des Hasen Tod!«, so ging es auch dem armen Schwein. Schließlich wurde es doch eingefangen und zu Wurst verarbeitet. »Zum Glück!«, haben Omas Eltern bestimmt damals gesagt, sonst hätten sie sich die nächsten Wochen unfreiwillig vegetarisch ernähren müssen.

Auch der Henne von Omas Nachbarn war es nicht besser ergangen. Diese Geschichte habe ich als Kind selber erlebt. Wenn ich unsere Oma auf dem Hohbaum besuchte, war ich auch in der ganzen Nachbarschaft zu Hause. Damals war keine Tür verschlossen. Man ging einfach hinein, rief ein kurzes »Hallo« und setzte sich mit an den Tisch.

Omas Nachbar Alfred war für seinen großen Appetit bekannt. Der ledige Bauer konnte eine ganze Schüssel mit Nudeln locker verschlingen. Vom Bollen Fleisch und tüchtig viel Soße dazu ganz zu schweigen.

Eines Tages kam ich gerade dazu, wie er mit einem Beil einer Henne den Kopf abschlug, um zu einer kräftigen Hühnersuppe zu kommen. Neben dem Spaltklotz stand ein Bottich mit heißem Wasser. Darin sollte das Huhn anschließend gebrüht werden, damit die Federn beim Rupfen besser abgingen.

Die Henne aber besann sich ohne Kopf eines Besseren, flatterte aus dem Bottich heraus und rannte wie der Blitz die Wiese hinunter, bis sie an einem Drahtzaun hängen blieb.

114

Ich glaubte meinen Augen nicht zu trauen! Was ich da sah, war mir unbegreiflich. Wie konnte die Henne kopflos durch die Gegend sausen? Hatte ich da ein Wunder erlebt?

Heute wundere ich mich nicht mehr darüber. Es soll ja schon vorgekommen sein, dass auch unter den Menschen mancher kopflos durch die Welt spaziert. Nur bildlich gemeint, versteht sich! Und wenn ihm dabei nichts passiert, hat er eben Schwein gehabt!

Laterne, Sonne, Mond und Sterne

Wenn mit dem November die dunkle Jahreszeit begann, Nebelschwaden die Natur verhüllten und auf den Friedhöfen der Toten gedacht wurde, war es tröstlich, dass jetzt auch die Laternen und Kerzen angezündet wurden.

Der Martinstag war bei uns Kindern ein Festtag im Jahreslauf. Da durften wir nämlich mit unseren Laternen durch die abendlichen Straßen ziehen und bekamen dann im Schulhaus am Stadtgarten als Belohnung eine Tafel Schokolade. Sie wog zwar nur sechzig Gramm, aber in der kargen Nachkriegszeit kam sie uns viel größer vor.

Zuvor hatten wir uns mit unseren bunten Lampions in den Martinsumzug eingereiht, waren dem römischen Reitersmann und der Stadtkapelle durch die Straßen der Stadt gefolgt und hatten die Lieder gesungen, die sie intonierte.

Laterne, Laterne, Sonne, Mond und Sterne,
brenne auf, mein Licht, brenne auf, mein Licht,
aber nur meine liebe Laterne nicht.

Dabei blickte manches Kind ängstlich auf seinen Lampion, hoffend, dass der Wind das flackernde Licht nicht ausblies oder die wacklige Kerze nicht umkippte und die ganze Laterne abfackelte. Das ging natürlich auf Kosten des Gesangs, aber die Männer der Stadtkapelle in ihren dunkelblauen Uniformen glichen mit ihren Instrumenten den schwächelnden Gesang wieder aus. Und gleich folgte das nächste Lied:

116

Ich geh mit meiner Laterne
und meine Laterne mit mir.
Dort oben leuchten die Sterne
und unten leuchten wir.
Mein Licht ist aus,
ich geh nach Haus,
rabimmel, rabammel, rabumm.

Natürlich gingen wir nicht gleich nach Hause. Erst sahen wir auf dem Kirchplatz noch zu, wie Sankt Martin hoch zu Ross mit dem Schwert den roten Mantel teilte und die Hälfte dem Bettler reichte, der in spärliche Lumpenfetzen gehüllt frierend auf dem Boden kauerte.

Wieder griffen die Männer der Musikkapelle auf ein Zeichen ihres Dirigenten hin nach ihren Instrumenten. Und alle Leute ringsherum stimmten inbrünstig in das bekannte Martinslied ein:

Sankt Martin ritt durch Schnee und Wind,
sein Ross, das trug ihn fort geschwind.
Sankt Martin ritt mit leichtem Mut,
sein Mantel deckt ihn warm und gut.

Im Schnee, da saß ein armer Mann,
hat Kleider nicht, hat Lumpen an.
»Oh, helft mir doch in meiner Not,
sonst ist der bitt're Frost mein Tod!«

Sankt Martin zieht die Zügel an,
sein Ross steht still beim armen Mann.
Sankt Martin mit dem Schwerte teilt
den warmen Mantel unverweilt.

Sankt Martin gibt den halben still,
der Bettler rasch ihm danken will.
Sankt Martin aber ritt in Eil'
hinweg mit seinem Mantelteil.

Dann ritt er langsam aus dem Rampenlicht. Auch der Bettler verschwand mit seinem Mantelteil. Die Stadtkapelle packte die Instrumente ein, und wir Kinder eilten mit unseren erloschenen Lampions im fahlen Licht der Straßenlaternen durch den Stadtgarten dem Schulhaus zu, in dem es die begehrte Schleckerei gab.

Mein Bruder Robert monierte auf dem Weg dorthin zwar, dass es weit und breit keinen Schnee hätte und der Bettler deshalb gar nicht im Schnee gesessen haben könnte. Das sei doch egal, versuchte ich ihm zu erklären, Hauptsache, wir bekämen die versprochene Schokolade.

Und als wir sie dann in den Händen hielten, war auch Robert zufrieden. Auch ohne Schnee!

Holler boller Rumpelsack

Ein weiterer Festtag für uns Kinder war der Nikolaustag. Mancher Erwachsene versuchte uns zwar die Vorfreude zu vergällen, indem er uns mit dem Knecht Ruprecht und seiner Rute drohte. Doch zum Glück war der nicht immer dabei und wenn, dann belief er es meistens beim Fuchteln mit dem gefürchteten Gestrüpp.

Eine weitere Drohung war auch der Sack, in den uns der wilde Geselle stecken würde, wenn wir nicht brav gewesen seien. Doch auch diese Angst erwies sich meist als grundlos. Denn der frisch gewaschene Kartoffelsack beinhaltete nur Äpfel, Nüsse und kleine Geschenke.

Aber zuerst mussten wir ein Gedicht aufsagen oder ein Lied singen, sonst gab es nichts. Und da doch ein bisschen Angst dabei war, stotterten wir meistens mehr schlecht als recht die Verse herunter, wie die des Dichters Albert Sergel (1876–1946):

Holler boller Rumpelsack,
Niklaus trägt ihn huckepack.
Weihnachtsnüsse gelb und braun,
runzlig, punzlig anzuschaun.
Knackt die Schale, springt der Kern,
Weihnachtsnüsse ess ich gern.
Komm bald wieder in dies Haus,
guter, alter Nikolaus.

Gerne trug ich auch das Gedicht von Martin Boelitz (1874 bis 1918) vor:

Draußen weht es bitterkalt,
wer kommt da durch den Winterwald?
Stipp, stapp, stipp, stapp und huckepack,
Knecht Ruprecht ist's mit seinem Sack.
Was ist denn in dem Sacke drin?
Äpfel, Mandeln und Rosin'
und schöne Zuckerrosen,
auch Pfeffernüss' fürs gute Kind.
Die andern, die nicht artig sind,
die klopft er auf die Hosen.

Die kleineren Geschwister begnügten sich mit kürzeren Versen wie:

Lieber, guter Nikolaus,
komm ganz schnell in unser Haus.
Hab so viel an dich gedacht,
hast mir auch was mitgebracht?

Es gab auch frechere Reime, die wir größeren Buben kannten und laut aufsagten. Aber nicht vor dem Nikolaus. Die Gefahr, von ihm dann nichts zu bekommen, war dann doch zu groß. Aber kaum war er fort, ließen wir die Katze aus dem Sack und feixten:

Ach, du lieber Nikolaus,
komm ganz schnell in unser Haus.
Hast du was, dann setz dich nieder,
hast du nichts, dann geh nur wieder!

Im Kindergartenalter glaubten wir noch fest daran, dass da der richtige Nikolaus vor uns stünde. Mit der Zeit aber merkten wir, dass unter den Gewändern oftmals eine uns bekannte Person steckte. Wir waren ja nicht dumm. Waren das nicht Papas Schuhe? Hatten wir nicht das »Goldene Buch« in Mamas Schublade gesehen? War das nicht die schlecht verstellte Stimme unserer Nachbarin?

Natürlich sagten wir dann nichts. Sonst wären wir bei der Gabenverteilung leer ausgegangen. Aber wir schauten schon genau hin, wenn es draußen polterte, die Tür aufging, der Nikolaus hereinkam und mit tiefer Stimme loslegte:

Von drauß' vom Walde komm ich her,
ich will euch sagen, es weihnachtet sehr ...

Das berühmte Gedicht von Theodor Storm (1817–1888) hat eigentlich 34 Verszeilen. Die meisten Nikolause, die wir Kinder erlebten, beschränkten sich aber auf vier Zeilen und kamen gleich zum Schluss, der dann so lautete:

Nun sprecht, wie ich's herinnen find,
sind's gute Kind, sind's böse Kind?

Natürlich waren es immer nur »gute Kind«, die ihn mit großen, erwartungsvollen Augen ansahen oder auch heimlich zu ergründen suchten, wer dieses Jahr unter dem bischöflichen Gewand steckte. War das nicht die Bärbel aus dem Nachbarhaus? Egal, die Äpfel und Nüsse schmeckten gut wie immer. Und dieses Mal war sogar noch ein Lebkuchen mit einem aufgeklebten Nikolausbild dabei, und der schmeckte besonders gut!

Schneeflöckchen, Weißröckchen

Mit dem Beginn der Adventszeit stieg bei uns Kindern auch die Sehnsucht nach Schnee. Und so drückten wir manches Mal unsere Nasen an den Fensterscheiben platt und blickten erwartungsvoll zum Himmel hinauf. Vielleicht ging unser Wunsch schneller in Erfüllung, wenn wir vom Schnee sangen?

Ein Winterlied passte da ganz gut. Wir kannten davon sogar alle vier Strophen auswendig:

Schneeflöckchen, Weißröckchen,
wann kommst du geschneit,
du wohnst in den Wolken,
dein Weg ist so weit.

Komm, setz dich ans Fenster,
du lieblicher Stern,
malst Blumen und Blätter,
wir haben dich gern.

Schneeflöckchen, du deckst uns
die Blümelein zu,
dann schlafen sie sicher
in himmlischer Ruh.

Schneeflöckchen, Weißröckchen,
komm zu uns ins Tal,
dann bau'n wir den Schneemann
und werfen den Ball.

Natürlich waren da die Schneebälle gemeint. Was gab es Schöneres als eine wilde Schneeballschlacht im Winter? Oder einen Schneemann bauen mit einer Karottennase, Kohlen als Knöpfe und einem alten Eimer auf dem Kopf? Oder bei Oma auf dem Hohbaum in rasanter Fahrt mit dem Schlitten die Dorfstraße hinabdüsen und dabei übermütig »Bahn frei! Kartoffelbrei!« schreien?

Das war damals noch möglich. Autos fuhren da kaum einmal. Gefährlicher war da schon der Löschweiher, in dem manche Schlittenfahrt ein jähes Ende fand, wenn das Geschoss die Kurve nicht kriegte. Aber ertrunken ist zum Glück keiner der waghalsigen Rennfahrer.

Und wenn dann die ersten Schneeflocken vom Himmel fielen und abends die erste Kerze am Adventskranz angezündet wurde, sangen wir frohen Herzens das bekannte Kinderlied:

Advent, Advent,
ein Lichtlein brennt,
erst eins, dann zwei,
dann drei, dann vier,
dann steht das Christkindlein
vor der Tür.

So hatten wir die Verse gelernt. Aber ab und zu fügten wir übermütig einen Reim hinzu, was uns nicht immer ungeteilten Beifall einbrachte. Das Gedicht endete dann so:

Und wenn die fünfte Kerze brennt,
dann hast du Weihnachten verpennt.

124

Was wäre die Adventszeit ohne die Weihnachtsbäckerei? Auch wenn es in unserer Familie mit sechs Kindern das Jahr über recht sparsam zuging, beim Brödlebacken ließ es unsere Mutter an nichts fehlen.

Tagelang duftete es im Haus nach Lebkuchen, Spritzgebackenem, Springerle, Buttergebäck, Zimtsternen, Hildabrödle, Kokosmakronen und anderen Leckereien wie Mamas berühmter Linzertorte. Ein Blech nach dem anderen wurde von Mama mit den Köstlichkeiten belegt und von uns Kindern zum Grafebeck getragen, dessen Backofen nach dem Brotbacken noch heiß genug war, unsere Weihnachtsbrödle zu backen.

Zu unserem Leidwesen verschwanden die Leckereien dann bis Weihnachten in diversen Blechschachteln. Nur einige wenige zerbrochene Exemplare landeten in unseren Naschmäulern. Und so waren wir Kinder gar nicht böse, wenn eines von uns mit dem Blech irgendwo anstieß und ein paar Brödle auf dem Boden landeten.

Neben der Weihnachtsbäckerei stand noch ein weiteres Großprojekt auf dem vorweihnachtlichen Stundenplan: der Aufbau der Weihnachtskrippe. Auf einem drei Quadratmeter großen Brett bauten wir mit Schlacken vom Gaswerk, Moos, Zweigen, Krepp- und Stanniolpapier eine Landschaft mit Bergen, Bäumen und Bächen. Darauf platzierten wir dann Stall, Ziehbrunnen, Kapelle, Lagerfeuer und was wir sonst noch aus Kiefernholz, Rinden und anderen Naturmaterialien gebaut hatten.

In einem Haushaltsgeschäft in der Drehergasse gab es alljährlich vor Weihnachten Krippenfiguren zu kaufen. Wir

Kinder sparten schon lange Zeit vorher die wenigen Groschen, die wir bekamen. Aber immerhin reichte es wieder zu ein paar neuen Figuren, die unsere Krippe bevölkerten.

Ochs und Esel durften natürlich nicht fehlen. Unser ganzer Stolz war allerdings ein Kamel, das dem Zug der drei Könige aus dem Morgenland den nötigen Prunk und Glanz verlieh. Das Jesuskind aber, das im Gegensatz zu allen anderen Krippenfiguren aus Wachs bestand, wurde traditionsgemäß erst am Heiligen Abend in die Krippe gelegt.

Das durfte bei uns immer das jüngste Familienmitglied besorgen und das war lange Jahre unsere Schwester Marianne, bis dann der kleine Martin unsere Familie vervollständigte.

O du fröhliche

Heiligabend war im Jahresverlauf der Tag, den wir Kinder am meisten herbeisehnten. Nicht nur, weil es da Geschenke gab. Diese waren damals sowieso nicht gerade üppig. Aber wir durften länger aufbleiben. Das kam sonst nicht oft vor.

Wir konnten es kaum erwarten, bis es dunkel wurde. Der Uhrzeiger schien an diesem Tag besonders langsam vorzurücken. Da konnte es bei sechs Geschwistern nicht ausbleiben, dass es vor lauter Ungeduld noch die eine oder andere auf den Hosenboden gab.

Doch bei Einbruch der Dämmerung ging Papa mit uns Kindern zum alten Rathaus mit dem gotischen Turm, wo ein großer Lichterbaum erstrahlte. Die Musikanten der Stadtkapelle hatten sich darunter aufgestellt und spielten, in dicke Mäntel gehüllt, die bekannten weihnachtlichen Weisen.

Und wenn dann »Stille Nacht« und »O du fröhliche« erklangen, wussten wir, jetzt war es so weit. Eilig stürmten wir nach Hause und warteten in der Küche, bis aus dem Wohnzimmer das Glöckchen des Christkinds ertönte. Ob es wirklich das Christkind war oder unser Vater für das Läuten verantwortlich war, schien uns nebensächlich. Jedenfalls wurde die Tür geöffnet und wir durften das weihnachtlich geschmückte Zimmer betreten.

Papa setzte sich ans Klavier, und mit strahlenden Augen sangen wir mindestens drei Strophen der uns bekannten Lieder. Dann erst kamen die Geschenke zur Verteilung: Hauptsächlich warme Sachen zum Anziehen, dazu ein paar Süßigkeiten und für alle zusammen noch ein kleines Spiel. Einmal

128

war es ein Angelspiel, bei dem man mit Hilfe eines kleinen magnetischen Angelhakens die Fische aus einem Pappaquarium ziehen konnte. Ein kleiner Metallring am Kopf des farbigen Fisches, der ebenfalls aus Pappe war, machte es möglich.

Zum Essen gab es Würstchen mit Kartoffelsalat und Ackersalat, eine einfache, aber damals weit verbreitete Mahlzeit an Heiligabend. Und vor allem mussten wir danach nicht ins Bett, sondern durften aufbleiben, spielen, von den Brödle und dem Hutzelbrot naschen. Nur vom Glühwein bekamen wir nichts ab. Aber das war nicht weiter schlimm, denn der schmeckte uns Kindern sowieso nicht.

Nach Weihnachten hieß es dann für uns Buben, als Sternsinger von Haus zu Haus zu ziehen, um Geld für die Kinder in noch ärmeren Ländern zu sammeln. In farbenprächtige Gewänder gehüllt, aus Pappe und Goldpapier Kronen auf dem Haupt, mittels rußgeschwärzter Korken Schnurrbärte im Gesicht, konnten wir uns schon sehen lassen.

So machten wir uns von Weihnachten bis Dreikönig jeden Abend auf den Weg als Könige Kaspar, Melchior und Balthasar. Dazu kamen noch der König Herodes, ein Schriftgelehrter und ein Sternträger. Ja, der Stern war unser ganzer Stolz, konnte er doch mit Hilfe einer kleinen Glühbirne und einer Batterie richtig zum Leuchten gebracht werden, was bei unseren Hausbesuchen vor allem den Kindern ein Staunen entlockte.

Unsere Sprüche hatten wir natürlich auswendig gelernt. Als Erster kam der Herodes dran, der sich mächtig ins Zeug legte:

Ich bin König Herodes, Vierfürst von ganz Galiläa,
aber ich weiß nicht, was es bedeuten soll,
dass ein Knäblein geboren wurde,
welches den Namen Jesus trägt.

Danach kamen nacheinander die drei Könige an die Reihe:

König Kaspar bin ich genannt,
ich komme aus dem Morgenland.
Ich bin gekommen,
das neugeborene Kind aufzusuchen
und es anzubeten.

Mit diesen Worten stellten sich auch Melchior und Balthasar vor. Natürlich wurde der Name des jeweiligen Königs ausgetauscht. Dann folgte der Schriftgelehrte mit der Weissagung aus der Bibel:

Du Bethlehem im Lande Juda
bist keineswegs die geringste unter den Fürstenstädten Judas,
denn aus dir wird hervorgehen der Fürst,
der mein Volk Israel regieren soll.

Unser Auftritt schloss mit einem Lied und den Segenswünschen zum neuen Jahr, die wir mit Kreide über die Eingangstür schrieben: *C + M + B*. Davor und dahinter kam jeweils eine Hälfte der aktuellen Jahreszahl.

Damals waren wir fest davon überzeugt, dass wir die Anfangsbuchstaben der drei Weisen aus dem Morgenland hinschrieben: Caspar, Melchior und Balthasar, wobei ich mich wunderte, dass man Caspar mit C schrieb. Ich dachte eher, dass es Kaspar heißen müsse, und der fängt doch mit einem »K« an.

Später wurden wir dann eines Besseren belehrt: Das wären die Anfangsbuchstaben für den lateinischen Segensspruch »Christus mansionem benedicat«, hieß es, was übersetzt so viel bedeutet wie »Christus segne dieses Haus«. Aber erwiesen ist das nicht, das mit der Bedeutung der Buchstaben!

Geschenke – Gold, Weihrauch und Myrrhe – wie die drei Könige in der biblischen Geschichte hatten wir keine dabei. Wir waren eben doch keine richtigen Könige, sondern Buben, die sich über ein paar milde Gaben in Form von Süßigkeiten freuten. Die durften wir im Gegensatz zum Geld für uns behalten. Obst durfte es auch sein, besonders Apfelsinen, die wir in der Nachkriegszeit zu Hause so gut wie nie bekamen. Zum Glück wohnten auch einige Familien der französischen Soldaten in der Stadt. Wie leuchteten unsere Augen, wenn eine Orange, eine Tafel Schokolade oder gar ein Päckchen Kaugummi für uns abfielen!

Wir verstauten alles in einer riesigen Tasche, die wir mit uns trugen. Und wenn wir dann weiterzogen, strahlte nicht nur unser Stern, sondern strahlten auch zufriedene Bubengesichter.

»Mit em Hebel uf d Gass« - eine Art Nachwort

Unter dem alemannischen Titel »Mit em Hebel uf d Gass« fand in Basel einmal ein literarischer Spaziergang statt, bei dem sich die Teilnehmer mit dem Werk des Schriftstellers, Theologen und Pädagogen Johann Peter Hebel beschäftigten, der am 10. Mai 1760 dort auf die Welt kam. Eigentlich wohnten die Hebels ja in Hausen im Wiesental, dem Geburtsort der Mutter, aber den Sommer über arbeiteten beide Eltern in einem Patrizierhaus im schweizerischen Basel.

Ob das literarische Spaziergänge waren, die ich in meiner Kindheit auf der Gass veranstaltete, bin ich mir nicht so sicher. Aber »mit dem Hebel auf der Gass« war ich ab und zu auch, wenn wir in der Schule mal wieder eines seiner alemannischen Gedichte auswendig lernen mussten. Obwohl ich im Badischen aufwuchs, war mir Hebels alemannische Mundart doch ziemlich fremd und ich musste tüchtig üben, bis ich die Verse in der Schule aufsagen konnte.

Im »Badischen Lesebuch für das 3. und 4. Schuljahr« war sein Gedicht »Der Mann im Mond« auf den Seiten 121 bis 123 abgedruckt. Alle fünfzehn Strophen sollte ich lernen.

Und das in alemannischer Mundart, wo wir doch in Bühl einen ganz anderen badischen Dialekt sprachen! Also schnappte ich das Buch, spazierte damit durch die Gassen und fing zu üben an, laut natürlich, da prägten sich die Verse besser ein:

>Lueg, Müetterli, was isch im Moo?«
>He, sihsch's denn nit: e Maa!«
>Jo wegerli, i sih ne scho,
er het e Tschööbli a.«

War mir doch egal, wenn sich der eine oder andere Passant nach mir umdrehte und mich etwas irritiert ansah, Hauptsache, ich bekam die Verse in meinen Kopf. Also übte ich seelenruhig weiter:

>Was tribt er denn die ganzi Nacht?
Er rüehret jo kai Glid.«
>He, sihsch's nit, dass er Welle macht?«
>Jo, ebe dräiht er d' Wid.«

Bei fünfzehn Strophen konnte das ein recht langer Spaziergang werden, ob es nun ein literarischer war oder nicht. Und da in unserem »Badischen Lesebuch« noch viele Gedichte standen, die auswendig zu lernen waren, wiederholten sich solche Lerngänge des Öfteren.

Im Frühling spazierte ich mit Eduard Mörikes (1804–1875) »Er ist's« durch die Gegend und jublilierte mit den Vögeln um die Wette:

135

Frühling lässt sein blaues Band
wieder flattern durch die Lüfte;
süße, wohlbekannte Düfte
streifen ahnungsvoll das Land.

Veilchen träumen schon,
wollen balde kommen. –
Horch, von fern ein leiser Harfenton:
Frühling, ja, du bist's!
Dich hab' ich vernommen!

Dieses Gedicht hatte nur zwei Strophen und erschien mir deshalb ziemlich schülerfreundlich, genauso wie Mörikes Herbstgedicht »Septembermorgen«. Das hatte sogar nur eine Strophe mit sechs Zeilen. Die waren leicht zu merken:

Im Nebel ruhet noch die Welt,
noch träumen Wald und Wiesen:
Bald siehst du, wenn der Schleier fällt,
den blauen Himmel unverstellt,
herbstkräftig die gedämpfte Welt
in warmem Golde fließen.

Überhaupt hatten viele Gedichte, die in meinem »Badischen Lesebuch« zu finden waren, mit der Natur zu tun. Wir Kinder waren ja auch viel draußen und konnten dort beobachten, wovon die Dichter erzählten, wie zum Beispiel Rudolf Baumbach (1840–1905) in seinem Gedicht »Die Gäste der Buche«:

Mietegäste vier im Haus
hat die alte Buche.
Tief im Keller wohnt die Maus,
nagt am Hungertuche.

Stolz auf seinen roten Rock
und gesparten Samen,
sitzt ein Protz im ersten Stock,
Eichhorn ist sein Namen.

Weiter oben im Geäst
pfeift ein winzig kleiner
Musikante froh im Nest –
Miete zahlt nicht einer.

Mit Begeisterung lernte ich die Gedichte von Christian Morgenstern (1871–1914). Das lag wohl daran, dass ich sie lustig fand und ich Menschen zum Schmunzeln oder gar Lachen bringen konnte, wenn ich sie vortrug. Eines davon hieß »Die drei Spatzen« und ging so:

In einem leeren Haselstrauch
da sitzen drei Spatzen Bauch an Bauch.

Der Erich rechts und links der Franz
und mittendrin der freche Hans.
Sie haben die Augen zu, ganz zu,
und obendrüber, da schneit es, hu!

Sie rücken zusammen dicht an dicht.
So warm wie der Hans hat's niemand nicht.

Sie hör'n all drei ihrer Herzlein Gepoch.
Und wenn sie nicht weg sind, so sitzen sie noch.

Besonders lustig war sein Gedicht »Schnauz und Miez«. Die heiteren Verse haben sich gut eingeprägt:

Ri ra rumpelstiez –
wo ist der Schnauz? Wo ist die Miez?

Der Schnauz – der liegt am Ofen
und leckt sich seine Pfoten.

Die Miez – die sitzt am Fenster
und wäscht sich ihren Spenzer.

Rumpeldipumpel schnaufeschnauf –
da kommt die Frau die Treppe 'rauf.

Was bringt die Frau dem Kätzchen?
Einen Knäu'l, einen Knäu'l, mein Schätzchen,

einen Knäu'l aus grauem Wollenflaus,
der aussieht wie eine kleine Maus.

Was bringt die Frau dem Hündchen?
Ein Halsband, mein Kindchen,

ein Halsband von besondrer Art,
auf welchem steht: Schnauz Schnauzebart.

Ri ra rumpeldidaus –
und damit ist die Geschichte aus.

Das »Badische Lesebuch« war auch eine wahre Fundgrube für spannende Geschichten, mit denen wir uns die Zeit vertreiben konnten, wenn das Wetter mal nicht mitspielte und es uns nicht hinaus auf die Gass zog. Viele Bücher hatte ich in meiner Kindheit nicht. Aber zum Glück gab es ja noch die Lesebuchgeschichten. Noch heute kann ich mich an viele erinnern:

An »Das Abenteuer im Wald« von Johannes Trojan (1837–1915), eine Geschichte, in der *»es regnete, was vom Himmel herunter wollte«,* wo eine Ameise, eine Grille, ein Johanniswürmchen, ein Käfer und eine Schnecke ein trockenes Plätzchen unter einem Pilzhut fanden, bis sie von einer Kröte vertrieben wurden.

Oder an die zahlreichen Geschichten der Volkssage »Der Poppele vom Hohenkrähen«, der vor langer Zeit als Johann Christoph Poppelius Mayer Burgvogt auf dem Hohenkrähen im Hegau gewesen sein soll. Dieser Ritter war klein und unansehnlich von Gestalt, wurde deswegen Poppele genannt und verspottet. Zahlreiche Geschichten berichten, wie er sich dafür gerächt und mit vielen Leuten in der Gegend seinen Schabernack getrieben hat.

Und dann gab es da noch die Geschichten von Johann Peter Hebel (1760–1826) aus dem »Schatzkästlein des Rheinischen Hausfreundes«, von denen im Lesebuch einige abgedruckt waren. Am besten gefiel mir die mit dem Zundelfrieder, dem Zundelheiner und dem roten Dieter. Sie hieß: »Wie der Zundelfrieder und sein Bruder dem roten Dieter abermals einen Streich spielten«. Sie war im Kapitel »Auf rechten und auf schlechten Wegen« zu finden und für uns Kinder bestimmt nicht zur Nachahmung zu empfehlen.

Dem roten Dieter hatten die beiden Burschen schon mehrmals übel mitgespielt. Dieses Mal wollten sie in der Nacht seiner Frau »das Leintuch unter dem Leib wegholen«, ohne dass er das verhindern konnte. Und es gelang ihnen, obwohl der rote Dieter durch einen Brief vorgewarnt war. Und damit wir Kinder nach der Lektüre nicht auf dumme Gedanken kamen, endete die Geschichte mit dem guten Vorsatz der beiden liederlichen Gesellen, sich bessern zu wollen:

Auf dem Heimweg sagte der Frieder zum Heiner: »Aber jetzt, Bruder, wollen wir's bleiben lassen; denn im Zuchthaus ist doch auch alles schlecht, was man bekommt, ausgenommen die Prügel, und zum Fensterlein hinaus auf der Landstraße hat man etwas vor Augen, das auch nicht aussieht, als wenn man gern dranhängen möchte.«

Damit bin ich am Ende dieses Kapitels wieder bei Johann Peter Hebel angelangt, mit dessen Mundartgedicht das Kapitel auch begonnen hat. Es blieb nicht das einzige, das uns Kindern beim Auswendiglernen den Schweiß auf die Stirn trieb. Da gab es noch ein zweites, mit dem sich besonders Gabi, ein Mädchen aus der Nachbarschaft, herumplagen musste. Sie war aus Sachsen zugezogen und sollte Hebels Gedicht »Sonntagsfrühe« auswendig lernen. Chinesisch klang für sie wahrscheinlich nicht viel fremder als dieses alemannische Mundartgedicht:

Der Samstig het zuem Sunntig gseit:
»Jetz hani alli schlofe gleit;
sie sin vom Schaffe her und hi
gar sölli müed und schlöfrig gsi,
und's goht mer schier gar selber so,
i cha fast uf ke Bei me stoh.«

Natürlich hatten wir Nachbarskinder Bedauern mit Gabi. Und da ich zu der Zeit schon ins Gymnasium ging, nahm ich mir vor, dem hübschen Sachsenkind beim Lernen dieses Fremdsprachentextes zu helfen. Und wo ging das besser als auf der Gass?

Also setzten wir uns auf die Gartenmauer und erfreuten die Nachbarschaft mit den Hebel'schen Versen, die wir uns zusammen laut einzutrichtern versuchten. Nach etlichen Mühen kam die nächste Strophe an die Reihe:

So seit er, und wo's zwölfi schlacht,
se sinkt er aben in d'Mitternacht.
Der Sunntig seit: »Jetz isch's an mir!«
Gar still und heimli bschließt er d' Tür.
Er düselet hinter de Sterne no,
und cha schier gar nit obsi cho.

So quälten wir uns ein paar Tage lang durch elf Strophen lautierend hindurch, bis Gabis Vortrag einigermaßen alemannisch klang. Manchmal hörte sich das aber auch recht ko-

misch an, sodass wir dabei lauthals lachen mussten. Und ich glaube, selbst der Dichter aus dem Wiesental hätte geschmunzelt, wenn er uns gesehen hätte, wie wir auf der Mauer saßen und die Nachbarschaft mit seinen Versen beglückten.

Es war halt doch eine tolle Zeit auf der Gass!